股海老牛
最新 抱緊名單
贏過大盤20%

年報酬率超過 100%、
YouTube 頻道累積觀看次數破 500 萬、
各大財經媒體力邀專欄作家

股海老牛 —— 著

大是文化

跌了也不賣、算出便宜價才買、
先知道好題材⋯⋯50檔抗震盪的致富
私藏股大公開。

抱緊處理加 4 大標的，贏過大盤20%

抱緊處理 2 大心法

挑到好公司，以好價格買進，然後抱緊緊。

市場震盪時能處變不驚，不敗在情緒；
理性配置投資組合，順勢加減碼。

4 大標的估價法

1 殖利率估價法算出 ETF 便宜價

便宜價＝股利÷7％殖利率
合理價＝股利÷6％殖利率
昂貴價＝股利÷5％殖利率

2 金融股低點在哪裡？

低於過去 10 年平均收盤價，就是跳樓價，這時買進的
CP 值最高！

3 步步高升股看本益比

本益比＝股價÷近 4 季每股盈餘（EPS）
8 倍至 12 倍區間最能穩健獲利。

4 高殖利率股以平均現金股利估價

便宜價＝近 5 年的平均現金股利×16
合理價＝近 5 年的平均現金股利×20
昂貴價＝近 5 年的平均現金股利×32

第 **1** 章

題材對了，定存股也能飆

第 4 章

耐得住與耐不住，差別在哪？

第 5 章

6 顆投資定心丸，老牛助你抱緊處理

推薦序一
更全面的投資觀念，
耕耘出更完整的財富稻田

《隱市致富地圖》作者／股市隱者

　　寫書是一件開心也費心的事情，開心是能與自己的內心對話，分享更多觀念給讀者；然而這也很費心，因為必須先自我沉澱，提煉出心中的觀念和情感，並試著以最淺顯易懂的方式呈現出來。

　　因此我很敬佩股海老牛，他總能把這件事情做得很好，以簡單的方式，讓更多人了解不簡單的股市。

　　股海老牛出過的書，內容都很有趣，他常提出許多獨家見解，像是如何找到好的存股標的，讓讀者有明確的方式依循。然而，這次新書《股海老牛最新抱緊名單，贏過大盤 20%》，內容又再提高了一個層級，從過去的選股方法，延伸到心法和交易方式；廣度上也包含更多關於 ETF 的內容，與投資者疑難雜症的解方，例如配股和配息哪個好、如何存股、又該如何買零股等。

　　喜歡投資成長股的人，總會覺得公司發放現金股利，只是把股東的錢從左口袋換到右口袋，收到股利後，股價也會因為還原而下跌，因而認為追求殖利率沒有意義。這個問題我曾在邀請股

海老牛錄製 Podcast 時聊到，他當時的說法很棒，我至今依然印象深刻：

「**現金股利也是一種護城河**，因為這等於是**幫投資人篩選出現金流較佳的公司**。如果連穩定配發現金股利都有問題，那就必須多留意公司的營運模式。」

股海老牛還有許多簡單又一針見血的投資定見，都能在這本書中一窺究竟，例如定存股並非只有價值股，成長股一樣能作為存股；另外，殖利率是觀察指標，但殖利率超高時也要留意風險等，諸如此類有趣的反思，都能幫讀者破解很多投資上的盲點。

我在出書後認識了股海老牛，才發現他是我的學長，相認後我們聊了很多，除了投資觀念外，我也喜歡他的做事態度，謙遜且實事求是，善良又樂意分享想法。從他身上我看到了水牛，看似平凡，但每一步卻不簡單，也許學習投資也該如此，如果沒有更全面的投資觀念，又該如何犁出更完整的稻田。

「股市隱者」
臉書粉專

推薦序二
找到對的人，吸收他的投資精華，就是最佳學習捷徑

理財教主／郭莉芳

　　股海浮沉多年，我也長期追蹤一些財經部落客的發文，股海老牛就是其一。

　　翻開老牛新書第一章，他提出的錯失焦慮症就讓我深有所感。因為我常在演講場合上被粉絲或民眾問道：「老師，前一陣子〇〇股漲很多，還可以追嗎？」、「最近高股息 ETF 好多，淨值一直漲，會有追高的風險嗎？」

　　「風險」這件事，存在於生活中的每一刻，過馬路、騎腳踏車、運動跑步都可能會有意外。即使你的活動量很低，只是去早餐店點個早餐，吩咐店員：「一份蛋餅、不加醬。」都有可能因為忙亂，店員錯給了你一份加醬還加辣的蛋餅。

　　投資市場更是如此，尤其是如果不多做功課，只看電視名嘴或聽財經網紅的介紹，就勇敢跟單，那麼被割韭菜的機率就真的很高。

　　其實，「亂聽明牌」、「沒有基礎判斷的知識」就是投資人最大的風險，而這個風險是自己造成的，更容易因此在投資市場

裡翻船。

多做功課、多做研究，這已經是老生常談了。如果有空，可以縱覽群書，看遍券商的研究報告；但我認為，最有效率的方法是：**找到對的人，吸收他的投資心法與精華**，而這本書就是最佳的學習捷徑！

老牛秉持「抱緊處理」的投資哲學，透過時間的加乘效果，讓他充分嘗到複利的甜美果實。這套方法更賦予他拋下公職的底氣，勇敢打破鐵飯碗，因為他早就靠穩健的選股方式，打造了一個屬於自己的金飯碗投資組合。當然，老牛的成功例子並不是要鼓勵大家勇敢離職，可不要誤會我的意思喔。

這本書中，老牛分享了完整的投資方法，包括建議 4 大標的：ETF、金融股、高殖利率股、步步高升股，從中選擇一個適合自己的操作方式，列出觀察名單，算出便宜、合理價格之後，接下來就是等待，等到股價到了合理價位以下後布局買進。如果時間不多，鎖定幾檔標的，開始定期定額、零股買進，慢慢存股，也是另一種累積資產的好方法。

老牛的推薦名單中，大概有 1/5 也是我的追蹤股，這些年下來，只要掌握股性與股價區間，除了領股息，有些個股在一年裡也可見到兩、三次做價差的機會。這麼佛系的分享，等於幫讀者建立了一批基礎的觀察名單，實在受用。

「投資不要給自己找麻煩」，這是我常奉勸粉絲們的金句，與其東聽西學，學會一百個選股招式，還不如把時間花在熟練一

個招式就好，在好價位買進好標的，然後長期持有，並做好資金控管。我自己便會把做價差的錢控制在股市資金的 3 成以內，其餘的就長期持有，一切交給時間，讓時間來實現複利的效果。

「郭莉芳理財講堂」
臉書粉專

推薦序三
增加被動收入最簡單的方法

「Min 理財生活札記」版主／Min

　　近年來物價及房價狂漲，就唯獨薪水不漲，造成剛出社會的年輕人及小資族，有著不小的生活壓力，想要維持不錯的生活品質已相當不容易，更遑論存頭期款買房這件事。這樣的景氣環境，讓許多年輕人對未來不抱任何希望，也造就了不想努力、只想待在舒適圈，不買房、不買車、不結婚、不生小孩、不消費的「躺平族」。

　　若是不想這麼輕易就躺平，光努力是不夠的，而是要「加倍」努力，除了努力提升本業的主動收入之外，更要想辦法增加斜槓收入，或是被動收入，Min 認為，**投資理財即是增加被動收入最簡單的方法**。投資的方法有百百款，其中股票是最貼近市井小民的理財方法。

　　對於一個沒有接觸過市場的新手，該如何開始學習投資呢？以 Min 自身為例，我大約是 30 歲左右才開始投資，起步算是非常晚，當時也毫無頭緒，所以到書店涉獵大量的理財書籍，多方研究、比較各種投資方法後，最終選擇了金融股（核心持股）加

上優質高殖利率個股（衛星持股），成為我的投資組合，之後一路走到現在，到 2023 年底已經存股 8 年了。

有充足的投資知識和自我了解作為後盾，讓我的投資之路可以穩步走到今天，因此非常建議新手們，一定要先閱讀理財書籍，充分認識投資及市場是如何運作，並累積足夠的 FQ（Financial Quotient，財務智商），找到適合自己的投資方法後，再開始投資理財才是正途。

Min 長期追蹤並觀察股海老牛，非常佩服他能長期堅持，傳達正確的投資理財知識給讀者，今日有幸拜讀《股海老牛最新抱緊名單，贏過大盤 20％》這本新書，書中積極傳達的「抱緊處理」投資方法，以好價格買進好公司後抱緊，市場震盪時能不被情緒影響，理性配置投資組合，也是 Min 在投資路上奉為圭臬的不二心法。

本書內容相當精采豐富，像是在茫茫股海中，如何挑選營運穩定且可安心抱緊的優質企業（附錄貼心附上股海老牛最新 50 檔抱緊處理名單）；大多數投資人最怕「買貴了」這件事，書中也有非常完整的估價方法說明，包括殖利率法、本益比、本淨比估價等；而在合理價位買進後，怎麼增加持有信心，做到股利與價差雙賺，空頭時期，如何掌握逢低加碼的訊號，不錯過大賺的機會……股海老牛也有不藏私的完整分享。

想要打敗通貨膨脹、增加被動收入、穩步累積資產、創造複利人生，達成安穩退休的人生目標，就要學會投資，讓錢來幫你

賺錢，絕對是每個人在這個時代所需的必備技能，《股海老牛最新抱緊名單，贏過大盤20％》這本用心撰寫的好書，真心推薦給大家！

「Min理財生活札記」
臉書粉專

自序
股市震盪，用「抱緊處理」穩賺 100%

　　2023 年 11 月 2 日，台積電（2330）股價在低迷三個多月之後，拉出了一支長紅 K，上漲 11 元，逐漸回升到 550 元以上。11 天之後，又再跳空漲至 570 元的位階，眼看終於脫離低檔，讓投資人忍不住問：「可以期待下週突破 600 元嗎？」、「600 梯（在 600 元位階買進）的有機會退伍嗎？」更有夥伴問老牛：「2024 年股價能否上看 800 元至 900 元？」

　　近年來，因為新冠疫情、美國聯邦準備理事會（Federal Reserve Board，簡稱聯準會）降息又升息、俄烏戰爭等事件，全球股市都經歷了一場前所未有的劇烈波動。台股也從跌破萬點，到 2022 年初衝上萬八，第 4 季時再跌至萬二，即便進入 2023 年後開始回升至 17,000 點，景氣燈號也轉為黃藍燈，但不少投資人態度悲觀，質疑「科技業真的轉好了嗎？」、「景氣只是從很差轉為普通差而已」，仍然卡在熊市的陰影，甚至是套牢之中。

長期獲利，只須抱緊處理

　　市場瞬息萬變，未來更是難以預測，誰也說不準。但是傳奇

基金經理人彼得‧林區（Peter Lynch）告訴我們：「市場的短期波動，並不等於長期價值。」因此，只要將投資時間拉長，以年為單位，無論短期怎麼波動，根本不重要。將資金投入財務體質強健的企業，它們自然會隨著時間賺進更多的獲利，提升公司自身的價值，最終便會反應在公司的股價上。

在老牛的前兩本書《股海老牛專挑抱緊股，穩穩賺 100%》及《股海老牛最新抱緊股名單，殖利率上看 8%》中，我提出「抱緊處理」心法，教導投資人如何在短期波動中站穩腳步，實現長期投資、長期獲利，所謂抱緊處理，即是：

● **抱緊：挑到好公司，以好價格買進，然後抱緊緊。**

我的投資方式效法股神華倫‧巴菲特（Warren Buffett）所推崇的價值投資，先從公司財務報表入手，解析其營運模式，找出持續獲利的祕訣；再加上深入的質化分析，從產業成長趨勢，找出標的勝過競爭者的護城河，辨識出能夠安心抱緊的優質企業。

找到獲利穩定的公司後即進行估價，找出它的「合理價」，當股價來到合理偏低的位階時，就是進場的好機會，買進後就牢牢抱緊。

● **處理：市場上下震盪時能處變不驚，不敗在情緒；理性配置投資組合，順勢加減碼。**

投資是一個長期進程，由於股市近幾年一直在多頭與空頭來

回劇烈震盪，如果不夠了解所投資的公司，抑或買進價格過高，投資情緒勢必受到影響，進而做出錯誤的決策。然而「**市場越熱，就要越冷靜；市場越冷，反而要越興奮**」，所以情緒控管也是投資人必學的課題。

　　投資組合是達成長期財務目標的關鍵，無論是新手、老手或高手，都有其適合的投資標的及組合方式，堅守自己投資組合的原則，在波動中理智的順勢調整個股比例，就能創造贏過大盤的報酬率。

不敗公式：獲利成長、股利增加、股價上漲

　　我常收到網友的私訊詢問：「請問老牛，現在有什麼股票可以買？」、「○○股票現在的股價算便宜嗎？」因此我從第一本書開始，就提出獲利穩定、持續成長的個股名單，這次我同樣提出50檔最新名單（請見附錄），截至2023年11月21日止，這50檔的平均漲幅達48％，與大盤漲幅28％相比，大贏20％，表現最為亮眼的有緯創（3231）漲幅258％、神基（3005）155％、京元電子（2449）138％及技嘉（2376）135％。

　　再從企業在這幾年承受的市場考驗來看，英業達（2356）、光寶科（2301）及敦陽科（2480）的表現，尤其讓人驚豔：

● 英業達（2356）

熟悉老牛的夥伴們都知道，「電子代工五哥」（按：包括廣達〔2382〕、仁寶〔2324〕、緯創〔3231〕、英業達〔2356〕、和碩〔4938〕）之一的英業達（2356）（我喜歡叫它苦命小英啦），是我很喜歡拿來當成「高殖利率保底」的重要投資標的。

英業達（2356）長年獲利都在 1.5 元至 2 元之間，沒發生過虧損，並且連續 31 年配發股利，近 5 年（2019 年至 2023 年，以下股利年份皆指發放年度）的平均殖利率為 5.7%。股價長年在 20 元上下，是名符其實的銅板價。如果用平均股利估價法（詳見第 4 章第 3 節）來推估合理價，就會發現，它時常處於「合理偏低」的股價位階，再加上高殖利率的防護罩，很適合小資族抱緊，因此我也非常推薦處於資產儲備初期的人投資。

回頭來看英業達（2356）在這幾年震盪之下的表現。新冠疫情改變了全世界既有的生活與工作模式，各地在家上班（Work From Home）趨勢逐漸成形，帶動筆電、桌上型電腦、伺服器需求，電子代工五哥也因此受惠，和碩（4938）2021 年 9 月單月營收就增加 74.7%，廣達（2382）10 月至 12 月連續 3 個月營收增長 10% 以上，英業達（2356）的營收則是從 6 月至 9 月連續成長 4 個月。

進入 2023 年後，在 AI（人工智慧）與伺服器雙題材的加持之下，股價紛紛大漲，廣達（2382）從 80 元上下衝上 282 元，英業達（2356）也從 25.2 元漲至最高 73.5 元，上漲將近 3 倍。

以 2022 年 12 月 30 日收盤價 26.25 元，計算至 2023 年最高點，加上所發放的現金股利 1.5 元，2023 年的報酬率高達 186%。

● 光寶科（2301）

　　光寶科（2301）是臺灣第一家上市的電子公司，也是全球光電元件及電子關鍵模組的領導廠商，全球市占率 12%。近年來積極布局雲端運算、LED 照明、汽車電子、5G、AIoT（人工智慧物聯網）及工業自動化等領域。

　　我們先從近 5 年的經營績效來看，光寶科（2301）很早之前就開始調整公司體質，包括砍掉虧錢事業，或積極投入轉型，以及優化產品組合來提高營業效率。幫不同事業部「轉骨」的成果，雖然營收從 2,000 億元掉到 1,700 億元，但獲利卻自 2018 年開始連續成長 5 年，從 80 億元增加至 142 億元，每股盈餘（EPS）也從 3.42 元來到 6.19 元，成長將近一倍之多。這樣的業績反應在股價上，便是從不到 50 元的銅板價，最高衝到 174.5 元，股價上漲幅度超過 2 倍。

　　由於我對這家公司的研究夠深入，對它的信心自然也就更高，因此當它的營收下滑，導致股價下跌時，就是我趁機撿便宜的時候。光寶科（2301）在 2017 年時，因為處分部分事業單位，導致資產減損 69.8 億元，反應至 2018 年股價因此跌至只剩 32.8 元，如果有投資人也在這個時機進場撿便宜，以最高點 174.5 元來看，漲幅突破 400%。而以 2022 年年末收盤在 63.8 元

計算，加上今年所發放的現金股利 5 元，報酬率也有 181％。

● 敦陽科（2480）

敦陽科（2480）是國內大型系統整合廠商，為客戶提供最完善的資訊系統整合服務。臺灣的上市櫃公司中，有超過六百家是他們的客戶，上至政府機關、醫療院所，下至金融及電子企業，橫跨各行各業。

敦陽科（2480）的營運模式，是先將軟硬體產品賣給客戶，從中賺取代理價差，之後再每年收取維修與諮詢服務費用，也就是「先賺產品錢，再賺服務財」。這樣的獲利雖然不若電子業來得高，但營運績效一直很穩健，符合我「抱緊」的標準，近 5 年獲利更是連年成長，每股盈餘從 3.8 元來到 6.91 元，也是繳出成長近一倍的成績單。

不過我看中敦陽科（2480）的，不只是獲利穩健成長，還有高殖利率，它的股利從 2018 年的 2.62 元增加到 2023 年的 6.26 元，對照當時股價，幾乎年年都有將近 7％ 的高殖利率，也讓我獲得 61％ 的報酬率。我曾說過，投資成功的不敗公式：獲利成長→股利增加→股價上漲，敦陽科（2480）正是符合條件的一檔，最終也迎來股價上漲 3 倍的精采表現！

巴菲特說：「別人恐懼時我貪婪。」因此老牛始終相信，「熊市才是最好的投資機會」，在疫情、國際局勢、經濟波動等各種

不確定因素襲來，更應該抱持抱緊處理的精神。

我投入股市已經超過 10 年，出版第二本書之後，在 2021 年決定離開任職的公部門，成為全職的投資人。回頭看看過往的投資歷程，從 2020 年到 2021 年的這段多頭，報酬實在太甜了，比臺南的飲料還甜，以至於參與股市的人數屢創新高，而且也有年輕化的趨勢，更是締造出不少「少年股神」。但若是在尚未打好基礎之下，就冒然投入股市，很容易落入「憑運氣賺錢，靠實力賠錢」的窘境，當甜頭一過，碰上 2022 年的空頭時，就會承受不住市場的劇烈波動，因為無法接受虧損而離開股市。

如果不能與市場波動共存，那就距離穩健獲利仍有一大段距離，而應對的最好方法，就是抱緊處理，因此老牛希望透過這本書，指引投資人 4 大方向：

1. 採用抱緊處理心法，制定長期獲利策略。

2. 用 4 大投資標的：ETF、金融股、高殖利率股、步步高升股，逐步建構資產。

3. 買在便宜價、安心抱緊緊；賣在獲利點，贏取最大績效。

4. 提供 6 顆投資定心丸，就算碰上股災也不懼怕。

回歸投資初心，在股市笑到最後的，往往是「長期持有的價值投資人」。與過去一樣準備泡一杯咖啡，享受閱讀學習時間，跟著老牛一起抱緊處理吧。

第 1 章

題材對了，定存股也能飆

> ➤ **投資是場馬拉松，抱緊讓你賺更多** ◄

投資就像參加馬拉松比賽，比的不是爆發力，而是恆毅力，
長期抱緊績優好公司，賺取更多利益。

1 散戶的通病，錯失焦慮症

　　股市在航海王、鋼鐵人飆漲，疫情解封帶動航空、觀光、飯店、餐飲等類股之後，2022 年底 ChatGPT 的橫空出世，再由 AI 題材掀起一波電子股熱潮。半導體大廠輝達（NVIDIA）推出用來訓練龐大數據的 AI 模型晶片，立即引起市場上的強大關注，並且出現 GPU 晶片短缺潮，不少客戶要等上半年才有貨可拿，讓熱潮從上游晶片廠快速吹到中下游的供應商。

　　其中，技嘉（2376）的 AI 伺服器出貨量快速放大，成為公司成長主要動能，股價從 2023 年初最低 105 元，一路上漲到最高 382.5 元，足足翻了三倍多；緯創（3231）股價也從最低 29 元最高來到 161.5 元，漲幅不遑多讓。而在老牛的私藏股清單中，還有京元電子（2449）、英業達（2356）、光寶科（2301）等，都受惠於 AI 題材的加持，股價出現飆漲上揚，實現存股族夢寐以求的「**定存股變飆股**」！

　　然而股市本來就像潮水，會隨著世界局勢有起有落，像是聯準會的量化寬鬆會帶起一波投資熱潮，但俄烏戰爭開打及升息政策又讓趨勢逆轉，影響指數從高檔往下修正。

　　股市這種起起伏伏的現象，很容易讓投資人陷入「錯失焦慮症」（fear of missing out，簡稱 FOMO），而做出不理性的策略。這種現象是由美國風險投資家派屈克·麥金尼斯（Patrick J. McGinnis）大概在 20 年前提出，是指人對於自己未參與事件所產生的不安與持續性焦慮，最明顯的「症狀」就是各種搶購行為，像是疫情剛爆發時很多人搶購囤積衛生紙，追根究柢，就是恐懼心理煽動不理性行為。

　　錯失焦慮反應在投資上，就是散戶常見的各種「追高殺低」行為。散戶通常資金有限且不夠自律，投資時容易被市場波動或各種資訊影響，一旦出現焦慮便會開始盲從追高殺低，失去理性的操作結果，可能是以前賺的都不夠這次賠。

　　反觀法人不會落入這種境地，是因為他們對於投入的資金，都有一套風險分散管控機制，無論市場走勢如何，都以預先設定好的風險承受度，作為進出場基準，所以即便失算虧損，也不見得會全盤皆輸。

　　其實投資最忌只聽別人說哪檔股票好賺，就跟著買賣，這樣遲早會變得患得患失，老牛自己便是透過 3 個撇步，來降低錯失焦慮的症頭：

對各種訊息保持開放心態

　　對於媒體報導或是網路流傳的投資資訊，一律保持開放的

態度，採取了解但不急著投入的方式就好。同時也要避免接觸過多的資訊來源，各種理財社群或財經節目都要適可而止，訊息越少，焦慮也會越少。最典型的例子即是生技類股，一旦生技產業的新聞被炒熱，相關企業的股價立刻隨之上揚，但這其實是「本夢比」（從本益比延伸而來，指營運尚未獲利的公司，以公司願景帶給投資人的「夢想」作為股價的基準）。

以製藥公司來說，推出一款新藥，從前期研發、中期大量實驗，到新藥出爐後還須通過認證才能上市銷售，過程長達數年，因此在新藥上市之前，公司都是在「燒錢」，獲利常常是負值。而當出現「生技題材連發」、「生技元年來了」等具想像力的新聞標題時，受到題材影響，股價即會隨之上下波動，然而由於公司尚未真正獲利，所以跟著消息投資生技股的結果，通常是賺不到大錢。

了解自己的投資屬性，立下進出場紀律

釐清自己的投資屬性，訂好進出場的規則，這就是設定投資紀律，其中最重要的是停利及停損點。

停利點是要讓獲利入袋為安，如果後續股票轉為下跌，就是確保這次真的有賺到，如果後續上漲，也可以檢討為何當初會如此決定停利。停損是面臨股價下挫時即時出清了結，即使這波沒賺到，至少把虧損風險降低，才不至於到了市場恐慌性下跌時，

才急著認賠殺出。

　　我在第一本書中提過一家獲利成長的營建股根基（2546），這是一檔成交量較低、波動也較為和緩的個股，2018 年的每股盈餘為 3.84 元，2022 年則來到 8.98 元，獲利成長 1.3 倍，如果買進後有抱緊緊，光是價差就可以賺到 1 倍，加上股利的話，更是可以享有近 2 倍的報酬。但如果做短線賺價差，根基（2546）股價經常長達數月只有一、兩元的波動，可說是毫無賺頭。（見圖表 1-1）

　　另一檔零壹（3029）也是類似的情況，從 2011 年開始營收便穩定成長，從起初的 0.54 元，到 2022 年時已達 4.03 元。股價方面以長線來看，2012 年時只在不到 20 元的位階，到 2021 年最

圖表 1-1　根基（2546）股價圖

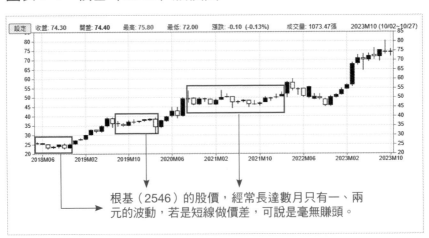

根基（2546）的股價，經常長達數月只有一、兩元的波動，若是短線做價差，可說是毫無賺頭。

資料來源：台灣股市資訊網。

高漲至 51.2 元，漲幅超過 150％，但若是短線操作，近 10 年來只有在 2015 年的年中短暫小漲一波，之後必須等到 2019 年才有明顯的漲勢，會很難賺。

長期比短線更重要

雖說短時間的進出市場，有機會可以快速賺到價差，但短線操作對於情緒控管的要求也相對更高。因此老牛不斷提醒大家，要用投資的角度來看待一家公司，當培養出中長期投資的習慣後，對於短期的震盪就會放寬心，不容易被一時的盈虧所影響。

碰上空頭下跌時會緊張，這是很正常的心理反應，但用長遠的眼光來看，只要確定公司持續獲利賺錢，就無須擔心跌太深，反而該判斷目前的股價是否被低估了？也就是老牛常說的，「當你認識夠深時，就能夠安心抱緊緊」。反之，指數來到相對高點時，也應該用同樣的邏輯去思考，重新估算目前的股價是否被高估了。

② 沒有最好方法，只有最適法則

　　市場上有著各式各樣的投資策略，有的強調資產配置，用股票與債券做成投資組合，來平衡總投資績效；有的則是訴求被動投資，靠 ETF「一次買進一籃子個股」的特性，降低個股波動的風險。這麼多種操作方法，初入市場的新手們恐怕一時不易搞得清楚，這時可以從最單純的「持有時間長短」來看。

　　說到持有時間長短，大家一定立刻想到所謂的「長線」及「短線」，簡單來說，買進後持有的時間越長，其風險度就越低，因為只要是獲利穩健成長的公司，內在價值便會持續上升，即使一時買貴了，也會透過公司持續獲利及發放股利，大幅降低虧損風險。接下來便從長線到短線，分別說明：

長期投資風險最低，但多久才算「長」？

　　長期投資通常是以「季」或「年」作為時間單位，會持有一檔股票這麼長的時間，目的是要追求公司未來的成長與穩定獲利，因此必須用基本面分析來判斷公司的本質，以及確認眼前的

股價是否仍遠低於其內在價值。這也是股神巴菲特所遵行的「價值投資」投資策略：以好價錢買進價值被低估的公司，然後耐心等待價值回升，就像守株待兔一樣。

所謂基本面分析，是從標的的財務報表、經營管理及產業發展趨勢等方面切入，來了解這家公司的體質是否健全，及營運狀況是否穩定且具成長性。可以從資產負債表、綜合損益表、現金流量表這三大報表中的營收、毛利率、營業利益率、淨利率、每股盈餘、ROE（股東權益報酬率）等數據，來判別公司的內在價值，以及公司營運趨勢，這也是巴菲特採行的分析方法。

由於持有的時間長，長期投資的主要報酬來源會有股利與價差報酬兩方面。在公司基本面的保護之下，長期投資的勝率較高，所獲得的報酬也相當可觀，老牛大部分的資產都是長期投資，只要買進就不會輕易賣出，時間拉得越長，獲利也越豐厚。

就以護國神山台積電（2330）為例，近 10 年營收從 5,970 億元來到 2 兆 2,639 億元，成長 279%，且受惠於毛利率與營業利益率的提升，稅後淨利從 1,881 億元來到 1 兆 165 億元，成長幅度高達 440%。再看到 ROE，在近 10 年間均維持在兩位數以上，代表台積電的獲利能力十分強勁，綜合效益便是股價不只是從兩位數的八十幾元，最高飆升至 688 元的高點，近 5 年的現金股利也穩定配發 10 元以上。（見右頁圖表 1-2、1-3）

所以當一家公司獲利穩健成長，財務體質也非常良好時，有耐性的長期安心抱緊緊，就可以享有「左領股息、右賺價差」的

圖表 1-2　台積電（2330）近 10 年經營績效

年度	營業收入	稅後淨利	ROE
2022 年	2 兆 2,639 億元	1 兆 165 億元	39.6%
2021 年	1 兆 5,874 億元	5,965 億元	29.7%
2020 年	1 兆 3,393 億元	5,179 億元	29.8%
2019 年	1 兆 700 億元	3,453 億元	20.9%
2018 年	1 兆 315 億元	3,511 億元	21.9%
2017 年	9,774 億元	3,431 億元	23.6%
2016 年	9,479 億元	3,342 億元	25.6%
2015 年	8,435 億元	3,066 億元	27%
2014 年	7,628 億元	2,639 億元	27.9%
2013 年	5,970 億元	1,881 億元	23.9%

資料來源：台灣股市資訊網。

圖表 1-3　台積電（2330）股價圖

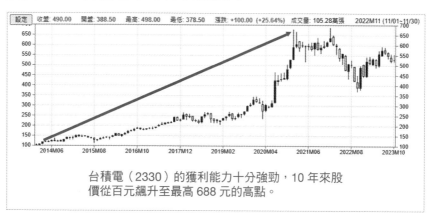

台積電（2330）的獲利能力十分強勁，10 年來股
價從百元飆升至最高 688 元的高點。

資料來源：台灣股市資訊網。

豐厚回報！

波段交易最複雜，三種分析都得看

波段交易的持有時間，是介於長期與短線之間，通常以「月」或「年」為單位。持有時間雖然較短線更長，但分析角度仍然是以基本面為主，再以技術面與籌碼面輔助。

技術面分析是研究市場行為，藉以預測未來的價格趨勢，主要是透過價格及成交量等歷史數據，找出市場起伏的規律性，以預測未來發展和適合進出場的時間點。

籌碼面分析則是追逐市場中的資金流向，尤其是關注法人（外資、投信及自營商）及大戶的交易軌跡，其中最重要的觀察，就是交易買賣超的趨勢，再搭配融資融券的變動（融資代表借錢買股票，是預期股價會上漲時的操作；融券則代表借股票來賣，是預期股價會下跌），分析買賣雙方的角力，作為判斷進出場的依據。

波段交易的重點在於找尋波峰和波谷，因為持有時間不長，所以主要獲利也是來自於價差，偶爾可能跨越除權息的時間，就會有部分獲利來自於股利。

由於老牛經常關注趨勢成長股，在營收及獲利均出現大幅成長時，就會用部分資金買進成長股，搭上獲利的順風車，報酬率會設定為 20％～100％，勝率大多在 50％ 以上。

　　以我在 2022 年中買進的智邦（2345）為例，該公司專注於網路和無線設備之研發製造，是網通股中的趨勢成長股，2021年的每股盈餘為 8.44 元，2022 年時，由於美國汰換與升級網路基礎設備，每股盈餘衝到了 14.64 元，可是股價卻因為碰上當時的股市空頭，一度殺到 196 元的近年新低點。老牛當時換算本益比僅有 8.5 倍，發現實在太不合理，因為以趨勢成長股來說，應該可享有 12 倍至 16 倍以上的本益比，所以我便在 200 元左右時進場，並在 400 元附近陸續賣出，賺取近一倍的報酬。（見圖表1-4）

　　然而成長股的股價常是「陰晴不定」，甚至會出現今日漲停、明日跌停的情況，不少人耐不住股價劇烈波動中途下車，而造成虧損或是少賺。所以我建議，當股價走勢不符合自己的預期

圖表 1-4　智邦（2345）股價圖

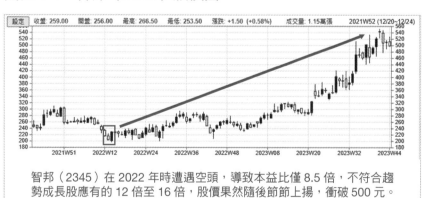

智邦（2345）在 2022 年時遭遇空頭，導致本益比僅 8.5 倍，不符合趨勢成長股應有的 12 倍至 16 倍，股價果然隨後節節上揚，衝破 500 元。

資料來源：台灣股市資訊網。

時，不要急著買進或賣出，先觀察市場有什麼變化。尤其是當大家都開始瘋狂追逐題材時，更要特別小心價格是否已經到了高點，超過了其真實價值；而當股價不斷下跌、散戶大多已經喪失信心時，可以再回頭關注其是否已被市場低估，最後設定好停損停利點，並且嚴格遵守。

短線進出靠題材，基本面已不重要

所謂短線，持有時間多半以「週」為單位，有時候甚至是以「天」來計算，因為持有時間不長，所以多半採用技術面和籌碼面分析為主，單純跟隨外資、主力或熱門題材等利多因子進場，此時公司的基本面如何並不重要……。

會成為外資目標或特定題材，常見的原因有二：缺貨與漲價。以缺貨來說，新冠疫情造成口罩缺貨，因此製作口罩的廠商恆大（1325），在 2020 年 1 月時股價只在 17 元附近，但是短短半年內竟然就漲到 216 元。但隨著口罩供應充足，並且疫情解封後，恆大（1325）的股價也回到 20 元出頭，倘若投資人未跟著題材退燒而出場，損失肯定以倍數來計算。

漲價形成題材最明顯的就是，當上游紙漿價格變貴時，就會出現「紙漿概念股」，包括永豐實（6790）及榮成（1909）都曾出現一波漲勢；而當機票出現漲價時，也會有航空股受惠，像是長榮航（2618）及華航（2610）。但是這些題材通常一瞬即逝，

圖表 1-5　長榮航（2618）股價圖

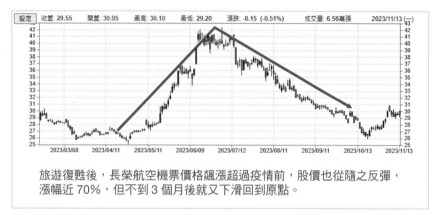

旅遊復甦後，長榮航空機票價格飆漲超過疫情前，股價也從隨之反彈，漲幅近 70%，但不到 3 個月後就又下滑回到原點。

資料來源：台灣股市資訊網。

更有可能今天拉漲停，明天變跌停，讓人丈二金剛摸不著腦袋。（見圖表 1-5）

　　因為持有時間短，技術分析可參考日 K 線為主，例如一般短線投資人最常將停損點放在 5 日線（過去 5 天收盤價的平均值所連成的曲線），當股價跌到 5 日線時，便會認定股價動能轉為弱勢而賣出。市場上的專業投機客多半屬於短線操作，勝率大約在 5 成，報酬率會設定在 20% 左右。

　　因為老牛自己不喜歡一直盯著盤面緊張兮兮，所以極少短線操作，同時也要提醒各位短線投資人，當買進的利多因子消失時，股價很容易像自由落體一樣快速下跌，這時務必記得趕緊腳底抹油、快閃走人，如果跑得太慢，住套房的機率極高。

當沖操作最刺激，一不留神就歸零

當沖的全名是當日沖銷，也就是當日買進、當日賣出，例如在早上 9 點開盤時買進 2 張台積電（2330），並且在當日收盤前將 2 張台積電（2330）賣掉。因此持有時間是以「分鐘」為主，也有「隔日沖」的流派，也就是今日買進、隔日賣出。

由於是在極短時間內買進又賣出，獲利來源便只有價差而已，而且只要是開盤時間，就必須隨時盯緊盤面，因為稍有不留神，獲利極可能瞬間全被沒收，甚至出現虧損，這種操作的時間成本非常高，幾乎只適合專業投機客。此外，當沖操作的本質，就是在短時間內進行多筆買賣，每一筆交易的成本也會蠶食掉原有的獲利表現。

2021 年市場多頭時期，不少新手進場當沖，企圖快速賺取幾個百分比的報酬，但最後幾乎都賠光了資金，非常可惜。當沖難以真正致富，可以歸納出三大原因：短期走勢難以預測；頻繁買賣容易小賺大賠；累積的手續費與稅金常讓獲利變為負值。所以老牛極不建議投資人當沖，不僅有手續費的影響，其勝率幾乎低於 3 成以下，作當沖的結果時常是「賠了夫人又折兵」。

符合個人條件和能力，就是最適投資策略

通常持有時間越短的投資策略，越要依賴交易次數來增加獲

利（或是停止虧損）。舉個例子，長期投資、波段交易可能一個月、甚至半年才進場一次；短線進出必須先觀察到訊號出現，再伺機進場就好；而當沖就更不用說，一日甚至幾分鐘內就必須決勝負。

無論長線還是短線，每種投資方法都要搭配投資人自身的能力及特質，才能拉高獲利機率。有的人因為身在特定產業工作，或是原本就對某個題材很有研究，要短線操作題材股自然較容易成功；也有人喜歡具備強大護城河的公司，例如台積電（2330）的半導體晶片先進製程能力，只要這項競爭優勢仍在，就可以安心抱緊緊；但也有人偏好投資明星潛力股，例如 AI、電動車、低軌衛星，看上的就是未來科技發展趨勢。

那麼是否存在「最好」的投資策略？這個答案見仁見智、因人而異。如果有閒暇時間可以盯盤，又對技術分析有信心，那就很適合短線操作；如果技術分析能力已經出神入化，當沖或隔日沖這種則更適合。

反過來說，如果只是**一般上班族、家庭主婦，甚至是投資新手**，大部分的時間必須花在生活、工作，也沒有能力看懂技術分析，那麼老牛建議，**投資週期較長的波段交易及長期投資，就非常適合**這些類型的人。

在還沒有找到最適合自己的投資方式之前，老牛會建議先從安全性最高的長期投資開始。此外，無論採取哪一種策略，都有兩大前提，第一是**永遠都要把「風險」納入考量**，才不會發生鉅

額虧損、甚至違約交割，而被抬出場；第二是投資知識不能少，必須**不斷的學習、關注市場資訊，強化自己對投資的敏銳度**，否則如果連標的好壞都無法分辨，只是跟隨市場消息盲目買賣，那就和拚運氣沒有兩樣了。

因為一家公司能否長期獲利，與基本面有很大關係，所以我自己特別偏好從基本面去尋找優質公司，再輔以技術面及籌碼面分析尋找進場時機，這樣的投資有一定程度的安全性，符合我永遠考量到風險這個前提。股神巴菲特曾說過，沒有人能準確預測未來，但體質優良的公司時常能逢凶化吉。所以走得快不如走得穩，這是老牛能長期活在市場的最大關鍵。

圖表 1-6　以投資週期來區分投資策略

投資週期	長期投資	波段交易	短期進出	當沖操作
適合對象	一般投資人		專業投機客	
投資週期	季或年	月或季	週或天	分鐘
報酬來源	股利、價差同時賺。	價差為主、股利為輔。	主要賺價差。	主要賺價差。
分析方法	基本面為主。	基本面為主，技術面、籌碼面為輔。	技術面與籌碼面為主，題材面為輔。	技術面與題材面為主，籌碼面為輔。
風險程度	★	★★★	★★★★	★★★★★
適合族群	沒時間盯盤，也看不懂技術分析的人。	沒時間盯盤的人。	有時間盯盤，又對技術分析有信心的人。	技術分析能力已經出神入化的人。

老牛小教室

第四種分析法──消息面

除了基本面、技術面、籌碼面，這三種正統的分析方法之外，股市中還有一種說法：「千線萬線不如內線。」講的就是消息面分析。然而老實說，消息面比較不像是分析方法，而且類似判斷市場上的風吹草動，上至媒體報導的外部消息，包括新技術發展、政經動態等影響；下到公司內部消息，包含合併、收購等，都算在消息面的來源。

網路資訊盛行後，各種「爆料」很容易迷惑投資人，因此若採取消息面分析，務必仔細判斷，以免虧損。下面我就舉一個超導體變成「超倒體」的例子。

在 2023 年 8 月時，韓國科學家發表「常溫超導體」LK-99，在全球科學界及投資界引發熱議。由於超導體具有零電阻、無摩擦的特性，可以大幅延長電池壽命，製造出運作速度更快的電子產品，許多沾到邊的「超導體概念股」紛紛出現漲停，例如第一銅（2009）。結果隔沒幾天，科學界出現質疑 LK-99 尚未經過驗證的聲音。消息一出，超導體概念股殺聲隆隆，變成「超倒體」，股價一片慘綠，成為史上最短命的題材股。

股市最不缺的就是傻瓜，所以當市場消息紛紛擾擾，真

假虛實未知之際，投資人一定要先求證，才決定是否出手。
尤其是內部消息，更要審慎研判，因為其實真正握有內部消
息的人士，經常是遊走法律邊緣，或踩在灰色地帶，世界各
國基本上也都把內線交易（insider trading）列入法條之中，
避免危害金融秩序。

圖表 1-7　消息面分析說明

外部消息	1. 國家經濟數據、國際貿易數據 2. 國家或是產業界重要人物發言 3. 金融政策 4. 天災人禍 5. 科技發展或新技術問世
內部消息	1. 研發進度 2. 管理、經營階層異動 3. 經營績效（營收、財報） 4. 公司重要發展策略 5. 合併、收購或企業結盟

雪球怎麼滾，速度快又大？

對於投資，老牛起步算是相當晚，從小一直以為儲蓄就是「理財」，因此只會把錢存起來，並不懂得讓錢生錢。直到出社會之後，我才開始接觸投資，與同儕相比，晚了將近 10 年，平白浪費了時間。

在 2012 年至 2021 年這 10 年間，臺灣的通膨率未曾超過 2％，並且平均通膨率僅為 0.93％（按：資料來源為行政院主計總處）。但進入 2022 年後，因為俄烏戰爭、油價飆升、原物料上漲等接連發生，臺灣通膨率急升飆破 3％，直到 2023 年 6 月分才降回至 2％ 以下。而以 2023 年 3 月 29 日生效的郵政儲金 1 年期定存固定利率 1.6％，與通膨率相比之下，前者遠不及後者，**代表把錢定存起來，資金增長的速度絕對趕不上通膨。**

傳統觀念裡，我們都是為了錢而工作，但與其讓賺來的錢越存越薄，倒不如反過來，讓錢為自己工作。相較於儲蓄來說，長期投資是讓金錢發揮更大作用，並且累積財富最有效的方式，其中又主要歸功於「複利」的力量。當投資產生收益，再將收益繼續投入投資，就會發生複利，這樣的循環周而復始，資金便會越

圖表 1-8　假設每個月定期投入 1 萬元，以年化報酬率 8% 來計算複利效果，20 年後會成長為 570 萬元。

投資時長	投入金額	總資產	投資獲利
5 年	60 萬元	約 73 萬元	約 13 萬元
10 年	120 萬元	約 180 萬元	約 60 萬元
15 年	180 萬元	約 338 萬元	約 158 萬元
20 年	240 萬元	約 570 萬元	約 330 萬元

資料來源：Fical.net。

滾越大，其實就是巴菲特所提出的滾雪球概念。

　　要透過投資複利的力量獲得更多財富，老牛按照自己的經驗，整理出投資 5 個步驟，並以這個 SOP 讓京元電子（2449）及神基（3005）分別滾出 138% 及 156% 的好成績。5 個步驟分別是：

1. 建立清單：找出適合自己的存股標的。
2. 設定位階：找出安全布局的價位區間。
3. 低檔買進：買進價位能低則低，未來能多賺些價差。
4. 定期檢視：追蹤獲利表現，評估回歸基本面。
5. 適時賣出：當特定條件發生時，切記果斷賣出。

步驟 1：依投資性格選股

　　透過老牛在前一章節說明的各種投資策略，先釐清自己想要

的獲利方式，例如喜歡賺價差，或是希望每年穩定領股息，再以複利滾存。然後依照自己的風險承受程度，規畫標的配置比例，接下來就可以建立自己的觀察清單。

　　如果想要賺價差，再加上可承受的風險較高，建議尋找股價波動大的投資標的，並且在投資組合中配置占比高一點，可以達到 7 成至 8 成，攻擊性比較高。但若是像老牛一樣講求安全至上，則可以只占 6 成就好，其餘 4 成留給年年配發股息的標的，也就是進可攻價差、退可守股息的彈性做法。

步驟 2：評估股價算便宜還是貴

　　在找出安全布局的價位區間之前，首先要知道便宜價、合理價怎麼估算。市場上的估價方式百百種，老牛建議初學者先運用簡單的估價公式，例如以平均現金股利或本益比為基準，就可以評估出一家公司的股價是便宜抑或昂貴，等到簡單的估價公式上手之後，再來考慮學習難度較高的估價法。

　　以用平均現金股利來估算仁寶（2324）的價位為例，它近 5 年（2019 年至 2023 年）的現金股利總和為 7.2 元，故平均現金股利為 1.44 元，再用平均現金股利的 16 倍及 20 倍算出便宜價及合理價，分別為：

　　便宜價＝1.44 元×16＝23 元

合理價＝1.44 元×20＝28.8 元

假設仁寶的股價為 28.05 元來看，只略低於合理價，還未到便宜價的程度。（詳細估價方式請見第 2 章第 4 節、第 3 章第 3 節及第 4 章第 4 節）

步驟 3：低於合理價就買進

不管是選擇賺價差、還是年年領股息，大家一定都希望持股成本能低則低，因此有不少人會等到股價跌到便宜價或跳樓價（按：當股價低於 10 年線〔過去 10 年的平均收盤價〕，即是跳樓價）以下，才考慮布局，卻忽略股價不按常理出牌的可能性，

圖表 1-9　櫻花（9911）股價圖

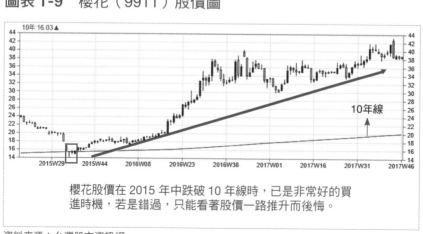

櫻花股價在 2015 年中跌破 10 年線時，已是非常好的買進時機，若是錯過，只能看著股價一路推升而後悔。

資料來源：台灣股市資訊網。

而錯失買進良機。

以櫻花（9911）為例，2015 年 4 月下旬，股價開始從 24.25 元的高點下挫，到 8 月底時跌破 10 年線，最低價只剩 14.15 元。若是此時未把握機會進場，期望股價還會再跌更深，不到半個月就會開始後悔，因為股價在 14.75 元至 15.7 元之間徘徊三週後反彈，往後幾年股價持續向上推升，直到 2023 年底都未再出現跳樓價（10 年線）以下的價位。（見左頁圖表 1-9）

所以老牛建議，當股價落在合理價偏低的位階以下時，就可以考慮買進，若顧慮此時仍是買在高點，維持定期定額、堅持紀律會是很好的應對方法。**買股從來都無法保證撿到最便宜，參與相對便宜的位階，寧可少賺一點，也不要沒賺到，才是比較正面的想法。**

步驟 4：績效穩定就抱緊，前景堪慮就處理

選擇個股的先決條件，老牛認為必須回歸基本面，定期檢視個股的營收表現，及所屬產業的發展趨勢，是絕不能少的步驟。

如果獲利無法持續穩定，或有暴起暴落的情況，勢必影響配息穩定及股價波動幅度。像是航海王長榮（2603）2019 年時的每股盈餘僅為 0.02 元，到了 2021 年由於塞港及運費調漲的關係，爆增為 45.57 元，2022 年更是賺進 87.07 元，獲利實在是相當驚人。可是當運價被大幅調降後，2023 年上半年的每股盈餘

僅剩 4.79 元，較前一年大幅下滑，連帶股價也在衝上 233 元後暴跌至 89.5 元的低點。（見圖表 1-10、1-11）

此外，產業前景不具未來性、市場競爭白熱化、技術突破取

圖表 1-10　長榮（2603）股價圖

長榮（2603）因塞港及運費調漲，每股盈餘及股價皆從 2021 年開始爆漲，但在運價被大幅調降後，也雙雙急速下滑，股價在衝上 233 元後暴跌至 89.5 元的低點。

資料來源：台灣股市資訊網。

圖表 1-11　長榮（2603）近 5 年經營績效

年度	營業收入	稅後淨利	每股盈餘
2023 年前 3 季	2,070 億元	320 億元	15.14 元
2022 年	6,273 億元	3,342 億元	87.07 元
2021 年	4,894 億元	2,390 億元	45.57 元
2020 年	2,071 億元	244 億元	5.06 元
2019 年	1,906 億元	1.13 億元	0.02 元
2018 年	1,692 億元	2.94 億元	0.07 元

資料來源：台灣股市資訊網。

代原有產品等關鍵因素，面板雙雄友達（2409）、群創（3481）都曾是閃亮的明日之星，但後續遭遇過度供應導致價格及利潤下滑、液晶顯示技術被有機發光二極體（OLED）等新興技術所取代、來自韓國及中國的國際競爭等難題，現在卻已然黯淡無光。

2021 年時面板價格大漲，友達（2409）當年度的每股盈餘即從前一年的 0.36 元，大幅增漲達 6.44 元，股價也從 13 元翻倍漲至 35.55 元。但隨著產業局勢變化，友達（2409）未能迅速轉型應對，進入 2022 年後陷入虧損危機，股價也被打回原形。

步驟 5：賺了先賣一半，存錯股立刻賣出

股價飆漲意味著獲利大增，但在股票還沒賣出、報酬尚未落袋之前，都只是紙上談兵。然而要如何賣股才能提高勝率？老牛有 3 個撇步：

第一個是設定目標價或獲利成數，一旦股價來到目標值，就賣出一半持股，先獲利了結一部分。

若是資金有限，且發現有更好的投資標的時，第二個撇步就是彈性換股。但前提是必須經過審慎考量，最好還要先做資金安排，這樣才會有真正多餘的閒錢配置在不同的績優股上。

第三個撇步是一旦發現存錯股票，就果斷止血、立即賣出，同時再找其他績優公司，不要把資金浪費在錯的標的上。至於怎樣算是存錯股票，可以從 3 個方向來看：

1. 買到景氣循環股，例如中鋼（2002）、台泥（1101）、長榮（2603）等，都是曾經歷過數年的景氣循環高低點。

2. 獲利不斷下滑的標的，例如佳格（1227）從年均每股盈餘為 3 元，減少至只剩賺 1 元多。

3. 夢想破滅的熱門股，例如力積電（6770）曾公布獲利成長的目標，結果不但沒有達標，甚至在 2023 年第 3 季還發生虧損。

投資界有句經典名言：「Let profit run, cut losses short.」意思為：「讓獲利奔馳，立刻斬斷虧損。」以白話來說就是「賺大賠小」，要達到這個目標，就是在考驗各位堅守紀律的毅力了，老牛也是過來人，相信大家一定能一步步越做越好，一點點越賺越多。

圖表 1-12　股海老牛的存股 5 步驟

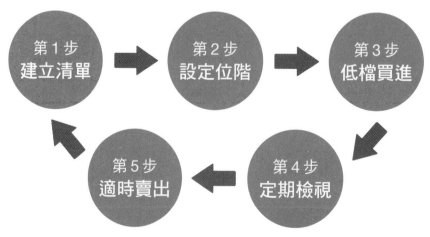

老牛必勝投資組合

　　投資是風險與報酬的平衡，很少有投資人只持有一檔股票，但要讓持股發揮最大效益，達成長期財務目標，有規畫的投資組合是關鍵，因為它不僅有助於降低風險，還可以提高回報。

　　建立投資組合沒有標準公式，最單純的方法，是依據自己的風險承擔及資金多寡來規畫，將不同屬性的標的結合在一起，就能更從容的應對市場波動和不確定性。

　　老牛在前兩本書中提到，我最愛的抱緊股包括金控或銀行等金融產業、盈餘成長率高且未來有潛力的步步高升股，以及殖利率高於市場表現的高殖利率股，加上近年來大量出現的 ETF，對於不同屬性及投資經驗的投資人，透過適當配置這 4 種屬性的標的形成投資組合，可以達到安心抱緊緊的目的。

　　以下是 4 種屬性標的加入投資組合的說明：

小資和新手，從 ETF 開始

　　ETF（Exchange-Traded Funds）即是「指數股票型基金」，

近年越來越受投資人注目，加上幾檔成立僅一、兩年的新 ETF 標的，在 2023 年都交出非常亮眼的配息成績單，讓許多人紛紛投入 ETF 市場。

簡單來說，投資 ETF 就是「一次買進一籃子股票」，這一籃成分股的來源，以該檔 ETF 追蹤的市場而定，通常是特定市場的指數，例如臺灣 50 指數、臺灣高股息指數等，或是單一產業，例如電動車、5G、生技等，只要所追蹤的大環境趨勢成長，就能跟著獲利。

由於一檔 ETF 裡就包含了多檔個股，能夠分散風險，比持有單一股票更穩健；此外，ETF 的交易費用相對於個股更低，意味著可以節省投資成本，使投資回報更具競爭力，因此是投資經驗尚淺、資金不多或剛開始累積資產的人，構建投資組合的理想選擇。老牛會在第 2 章更深入介紹及說明投資重點，教導大家如何估價，甚至建立月月配息的組合。

金融股股利穩定，加速累積資本

金融股指的是金融業的上市櫃公司，而金融業是一個廣泛的領域，包含金控、銀行、保險、證券等，提供多種金融產品和服務，包括貸款、儲蓄、投資和保險，在一國的經濟體系中發揮重要作用。

金融股的主要獲利模式有兩方面，一是收取手續費，另一種

是賺利差，也就是銀行付出約 1% 的利息給存款民眾，再把這些存款以 3%～5% 的利息借貸給企業，一來一往可賺取 2%～4% 的利差。由於受到主管機關的嚴格管制，且即使在經濟不景氣時，民眾仍然需要金融服務，有穩定的手續費收入賺進現金流，只要銀行業務持續進行，就會一直有營收，因此股價穩定度會比其他產業更高。

金融股因為產業特性而能夠提供穩定的股利政策，這些股息可以當做增加獲利回報，也可以再投入投資，加速資本增長。綜合賺錢潛力、穩定配息及較小的波動性等優勢，讓金融股成為存股大熱門，老牛會再第三章補充更多相關知識，喜歡金融股的人千萬不要錯過。

熊市震盪，靠高殖利率股守護資產

所謂高殖利率，以臺灣證券交易所官網公告，台股到 2022 年底止，現金殖利率達 4.88%，優於第二名的新加坡 4.09%，也大幅高於英、中、日、美等主要國家，在全球名列前段班。所以一般來說，若一家公司的殖利率超過 6% 以上，便會稱為是高殖利率股。

高殖利率股是老牛最喜愛的投資標的，因為這些標的通常是營運已經很成熟的公司，具有穩定的盈利能力，將這類型個股納入投資組合中，可以得到穩定的現金流和收益，也就是左手領股

息、右手賺價差。

　　高殖利率股還可以用來抵消市場波動，因為股息提供了相對穩定的回報，當股市大幅震盪時，高股息能穩定投資組合的總體價值。我會再第 4 章跟大家說明，如何安心抱緊高殖利率股，度過空頭市場。

步步高升股，用高風險換高報酬

　　步步高升股通常是指那些基本面呈現強勁上升趨勢，使得市場熱烈討論的股票。這些標的有實現高速成長的潛力，因此在投資組合中是攻擊型的角色，很有機會在未來取得高回報，拉高投資報酬率，增加投資組合的總資產。

　　然而，即便這類型股票的獲利動能旺盛，投資人仍必須依照自己的投資屬性選擇，能夠接受高風險、高報酬，例如投資老手或資金豐厚的人，就可以考慮投資步步高升股，雖然短期間的股價波動較大，但長線可獲得翻倍的報酬；但如果是退休族，在沒有其他收入來源之下，無法承受資產出現大幅震盪，就不宜選擇這類型股票，或必須降低投資其比重。我會在第 4 章中說明，如何讓高成長股票助大家逐步茁壯！

　　再次與投資夥伴們闡明，老牛的抱緊股目標，是尋找具備以下 4 種特質的優質公司：

1. 獲利成長：公司獲利長期持續穩健成長，不斷累積盈餘。

2. 高殖利率：在高殖利率的保護傘下，公司與股東同樂。

3. 高防禦性：在營運健全的情況下，具備足夠的現金，因應股災來襲。

4. 股價便宜：內在價值不斷增加，相對於外在股價仍屬便宜位階。

藉由納入不同屬性的標的，建構專屬自己的投資組合，可以逐步實現長期財務目標。其中，初入投資市場或資金尚未豐厚的人，可以風險分散和低成本的 ETF，及高穩定性的金融股為主要持股，等到已經累積到一定程度的資產、風險承受度較高之後，便可增加高殖利率股及步步高升股的比例，同時擁有現金流及價值增長的潛力。

以抱緊股建構投資組合的目的，是幫助投資人實現穩健獲利，並且提高管理組合的效率。所以希望這本書可以透過老牛多

圖表 1-13　打造必勝投資組合

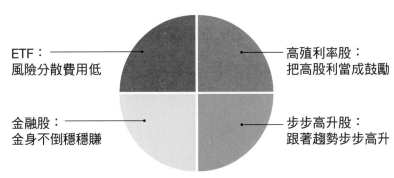

ETF：
風險分散費用低

高殖利率股：
把高股利當成鼓勵

金融股：
金身不倒穩穩賺

步步高升股：
跟著趨勢步步高升

年投資智慧與經驗，來協助大家在投資路上更為順利。如果是投資新手，記得多看幾遍，內化成股市操作的習慣動作；假設已經掌握了箇中原理，也別忘了保持彈性、靈活運用！

本章重點

1. 投資最忌只聽別人說哪檔股票好賺，就跟著買賣，這樣容易患得患失。建議學習老牛自己也在用的撇步來避免錯失焦慮，包括：對各種訊息保持開放心態；了解自己的投資屬性，立下進出場紀律；把握長期比短線更重要的原則。當培養出中長期投資的習慣後，對於短期的震盪就會放寬心，不容易被一時的盈虧所影響。

2. 對於不同屬性及投資經驗的投資人，透過適當配置 4 種標的，形成投資組合，就能達到安心抱緊緊的目的，包括：小資和新手可從 ETF 開始；累積一些投資經驗，希望加快累積資本，就增加股利相對穩定的金融股比例；對於風險承受度高、資金較豐厚的投資老將，建議以高殖利率股因應熊市震盪，守護資產，再以用高風險換高報酬的步步高升股，大賺價差。

第 2 章

最適合小資和新手的獲利入門

➤ **心中有定存股，手中無定存股** ◄

「長期投資」4個字並非獲利保證，
制定進出場、資金管理、加減碼、停利、停損的管理機制，
才是最重要的。

1 初入股市就選 ETF，巴菲特也認證

在臺灣 ETF 的發展史中，2023 年是很重要的一年。首先，從第一檔 ETF 元大台灣 50（0050，全名為元大台灣卓越 50 證券投資信託基金）在 2003 年 6 月 25 日發行，到 2023 年已滿 20 年；其次是截至 2023 年 7 月底，臺灣股市發行的 ETF 共有 239 檔，受益人數達 654 萬人，ETF 資產規模也超過 3 兆元以上，並且日成交量占整體市場比重大於 20%。這 20 年來的發展，ETF 可說是從無人問津到風靡市場，等同四個人當中就有一個人參與 ETF 投資。

目前市場上接二連三推出各種 ETF，很多投資人可能並不清楚每一檔 ETF 的標的是什麼？怎麼選擇？該如何投資？因此這一章老牛就要來告訴大家，投資 ETF 的三大重點及未來趨勢、如何選出適合自己的標的，以及計算高股息 ETF 便宜價、合理價與昂貴價的方法。

最後，如果你也注重現金流領股利，或是看到近期 ETF 配息的新聞蠢蠢欲動，更不能錯過本章最後一節，我會告訴大家如何利用高股息 ETF 打造出月月領息的組合。

ETF 是由投信公司所管理發行，像股票一樣可以在股市中交易的投資標的，股價漲跌依據所追蹤的指數表現，連股神巴菲特都常公開稱讚 ETF 的優勢，可見它很適合作為長期資產配置。

雖然 ETF 極富投資優勢，但也有盲點，必須先全盤了解再投入，才能真正安穩抱緊賺錢。老牛就先用 5 大優勢開始講起：

1. 跟隨趨勢

ETF 是追蹤某一個指數的表現，例如：看好臺灣股市的未來，可以買進追蹤臺灣 50 指數的元大台灣 50（0050）；看好原油的趨勢，可以選擇追蹤原油指數的期元大 S&P 石油（00642U，全名為元大標普高盛原油 ER 指數股票型期貨信託基金）；倘若看好 5G 的發展，則可以買進追蹤全球未來通訊指數的國泰台灣 5G+（00881，全名為國泰台灣 5G PLUS ETF 證券投資信託基金）。追蹤指數就像是搭著船一般，參與市場的趨勢順風而行。

2. 風險分散

一檔 ETF 裡，涵蓋了它所追蹤的指數中多個標的，因此投資 ETF 就是奉行「不要把雞蛋放在同一個籃子裡」，可以降低風險，例如匯率波動、地緣政經、產業趨勢、企業經營等的影響，多頭時投資人能安穩累積資產；而在空頭來時則能吸收衝擊，而不會傷到筋骨。

3. 費用低廉

　　一般投資市場中的商品有股票、ETF 及基金，三者在交易時都有手續費及稅金支出。其中，股票在買進及賣出時，分別都會收取交易金額 0.1425％ 的手續費，賣出時還會再收取交易金額 0.3％ 的證券交易稅；基金由於是發行公司向一群人募集資金後，有基金經理人代為操盤管理，因此除了手續費之外，還有經理費、管理費及其他費用，其中經理費與管理費較為高昂，通常整體費用率會高於 2％。

　　相較下來，ETF 的手續費與股票相同，但證券交易稅只要 0.1％，低於股票的 0.3％，管理費用通常落在 1％ 或更低，因此 ETF 是三種投資商品中，費用最實惠的一個，對長期投資來說，是重要的制勝關鍵。

4. 高透明度

　　投信公司在設計 ETF 時，不管是所追蹤的指數、成分股篩選條件、投入資金比例等，這些規則都是事先就制定好的，不可隨意變動。且 ETF 每天都會公布淨值、折溢價幅度、持有部位與整體比例，這樣的高透明機制有助於投資人了解 ETF 的現況，平衡自己的投資組合。

5. 汰弱留強

　　投信公司也會定期檢視 ETF 的成分股，目的是剔除獲利越

來越差的公司，將符合條件且較具潛力的公司放入投資組合中，這樣「汰弱留強」也有助於投資人提高勝算。

圖表 2-1　ETF 5 大優勢

買進前的功課：先弄清楚你買到什麼

　　近年來投信公司爭相發行 ETF，除了常聽到的元大台灣 50（0050）、元大高股息（0056，全名為元大台灣高股息證券投資信託基金），目前市場上有超過 200 檔 ETF，追蹤的標的各不相同，有指數、商品（黃金、白銀、石油）、區域（日本、印度、美國、歐洲）、債券（美債、公司債、新興債）等，追蹤不同的

標的，ETF 的漲跌變化就會不同。

此外，雖然高配息看似現在 ETF 的主流，但也有不少 ETF 不發放股利股息，這主要跟所追蹤的標的有關。例如當追蹤指數呈現正報酬時，ETF 價格會加成上漲的槓桿型 ETF，以及追蹤指數同樣呈現正報酬，但價格反而下跌的反向 ETF，由於這兩種 ETF 是以操作期貨，達成正向或反向倍數的目標，投資標的並非股票，自然也就不會配息。

所以投入 ETF 市場之前，要注意至少 3 件事，這樣才能夠安心抱緊穩穩賺：

1. 連結標的是什麼

這幾年 ETF 被塑造出「不會倒，只要無腦買就好」的形象，所以市場上一直推陳出新不一樣的 ETF，在名稱上也形形色色、花樣百出。尤其是投資國外成分股的 ETF，如果不深入了解，可能根本不知道為何而漲為何而跌。

例如已經下市的期富邦 VIX（00677U，全名為富邦標普 500 波動率短期期貨 ER 指數股票型期貨信託基金），名稱裡的「VIX」全名是「Volatility Index」，又稱為波動率指數或恐慌指數，使得當初很多人以為這檔 ETF 是「台股漲它就跌、台股跌它就會漲」，但這樣的觀念其實是錯的。期富邦 VIX（00677U）真正的連結標的是美股標普 500 指數的波動率，也就是指數漲跌的幅度，漲跌越大、波動越大；漲跌越小、波動越小，而它最終

老牛小教室

槓桿型及反向型 ETF

在所追蹤的指數呈現正報酬時，槓桿型 ETF 的價格會加成上漲，舉例來說，槓桿倍數為 2 倍時，當標的指數上漲 1%，槓桿型 ETF 會上漲 2%，標的指數下跌 1% 時，槓桿型 ETF 即會下跌 2%。代號後面有「L」字樣的就是槓桿型 ETF，像是元大台灣 50 正 2（00631L，全名為元大台灣 50 單日正向 2 倍證券投資信託基金）。

反向型 ETF 則是與所追蹤指數報酬呈反向表現，例如反向倍數為 1 倍時，當標的指數上漲 1%，反向型 ETF 就會下跌 1%，而當標的指數下跌 1% 時，反向型 ETF 則會反向上漲 1%。代號後面加上「R」的就是反向型 ETF，例如元大台灣 50 反 1（00632R，全名為元大台灣 50 單日反向 1 倍證券投資信託基金）。

但老牛提醒，由於實際情況變化快速且難以預估，因此 ETF 並無法完全反映漲幅度比例。

因為所投資的標的不斷下跌，以至於 ETF 淨值過低，已於 2021年 6 月 3 日下市。

　　所以，遇到成分股是國外標的的 ETF 時，更要特別注意所連結的標的指數與成分股有哪些，例如元大上證 50（006206，全名為元大中國傘型證券投資信託基金之上證 50 證券投資信託基金）是追蹤上證 50 指數，成分股皆為在上海證券交易所上市的股票；富邦深 100（00639，全名為富邦深証 100 證券投資信託基金）追蹤的是深証 100 指數，是由深圳證券交易所中 100檔規模大、市場份額高、交易活躍的股票組成；元大歐洲 50（00660，全名為元大歐洲 50 證券投資信託基金）是追蹤歐洲 STOXX50 指數，由歐元區前 50 大藍籌股編製而成，代表歐洲股價的走勢。投資人必須深入研究指數的內容，才能知道投資這些 ETF，到底是買了什麼東西。

2. 注意費用率是否過高

　　前面有提到，ETF 的其中一個優點就是費用較低廉，所以投資之前要好好注意各種費用率，才不會浪費了這項優勢。

　　投資 ETF 的費用，除了證券交易稅之外，很多人都忽略了內扣費用，也就是所謂的管理費。內扣費用會每天都從淨值中扣除，一般稱為「扣血條」，如果內扣費用率過高，一天一天的累積下來，可能會將你的資本吸光光。

　　台股型的 ETF 內扣費用通常都在 1% 以下，例如富邦台 50

（006208，全名為富邦台灣采吉 50 證券投資信託基金），其 2023 年的費用率為 0.23％；但若是追蹤國外市場的 ETF，因屬性關係費用率則會稍高一些，例如富邦越南（00885，全名為富邦富時越南 ETF 證券投資信託基金）全年費用率就達 1.21％，兩者差了將近一個百分點。

雖然乍看費率都很低，短時間內可能感受不到對整體報酬的影響，倘若以長期投資來看，仍建議先比較一下費用率高低，才不會稀釋了獲利。

3. 有無漲跌幅限制

成分股為臺灣上市標的的 ETF 與股票一樣，也有 10％ 的漲跌幅限制，但國外成分的 ETF 則無限制，例如期元大 S&P 石油（00642U）及國泰美國道瓊正 2（00852L，全名為國泰道瓊工業平均指數單日正向 2 倍證券投資信託基金），兩檔都是追蹤美國的指數，就都沒有漲跌幅限制。

說到 ETF 的漲跌幅這點，老牛就深有感觸。我曾談論過，現在已經下市的元石油正 2（00672L，全名為元大標普高盛原油 ER 單日正向 2 倍指數股票型期貨信託基金）這檔 ETF，因為追蹤的是國際油價指數，是以美國股市開盤時間為準。雖說商品型 ETF 是看長期趨勢，但時差問題常常導致一覺睡醒發現股市已經天翻地覆。記得這檔 ETF 在 2018 年 10 月時開始一路下挫，曾經在一天之內跌幅就超過 10％，雖然當時我的投資部位沒有太大，

但算起來仍損失了一個月的薪水。

　　雖然很多人說 ETF 是懶人投資，不用燒腦想太多，但只要是投資，「一知半解」本身就是最大的風險。即便是投資 ETF，也需要深入了解、明確投資目標，並謹慎選擇合適的標的，才可以降低投資風險，增加長期投資的成功機會。

圖表 2-2　2023 年 10 大熱門 ETF 內扣費用

ETF 名稱	ETF 代號	2023 年內扣費用
國泰永續高股息	00878	0.41%
元大高股息	0056	0.45%
元大台灣 50	0050	0.4%
復華台灣科技優息	00929	0.22%
富邦台 50	006208	0.23%
國泰台灣 5G+	00881	0.47%
群益台灣精選高息	00919	0.33%
富邦特選高股息 30	00900	1.01%
元大美債 20 年	00679B	0.15%
元大台灣高息低波	00713	0.51%

註：2023 年 12 月 1 日統計受益人數最高前 10 檔 ETF。
資料來源：中華民國證券投資信託暨顧問商業同業公會，2023 年 12 月 14 日。

市值型、高股息、主題型，投資人最愛哪一種？

　　ETF 發現至今，已然成為投資市場的風潮，相信不少人目前手上都已經持有，並且正在尋覓下一檔績優的標的。但眼前數不勝數的 ETF 不只令人困惑，也陷入選擇障礙，所以老牛先幫大家劃分出目前市場上常見的 ETF 種類，包括：

　　市值型：以貼近大盤為目標，整體走勢會跟著大盤走，例如元大台灣 50（0050）、富邦台 50（006208）等。

　　高股息：以高殖利率領取配息為目的，例如元大高股息（0056）、國泰永續高股息（00878，全名為國泰台灣 ESG 永續高股息 ETF 證券投資信託基金）等。

　　主題型：看好某個產業的發展趨勢，成分股聚焦於該產業族群，例如半導體、5G、電動車、ESG 等。

　　上述 ETF 代表了部分市場與投資策略，例如半導體、5G、電動車和 ESG ETF，分別是不同主題產業；而高股息和市值型 ETF，則代表不同的投資風格。投資人可以參考各家投信公司對各檔 ETF 彙整的資訊，再根據自己的投資目標和風險偏好，選擇適合的 ETF。

　　至於什麼樣的投資人適合哪一種ETF？老牛從投資人的條件和特點區分，提供一個簡易的評估方式。主題型投資人偏向會主動參與投資決策，或是對特定主題有興趣的人，適合主題型的ETF；注重資金防禦和股息收入的人，則可以選擇高股息ETF；市值型則較符合追求長期穩健增加資產的投資人需求。

看懂 ETF 眉角，不怕買太貴、會下市

　　對於剛開始接觸市場，或風險承受度較低的人來說，ETF是很友善且強大的投資工具，但只要是金融商品，就沒有穩賺不賠的，所以ETF也不是沒有缺點，必須注意風險、謹慎選擇，才能享受到ETF的優點。我總結了一些必須注意的要點，幫助大家能夠作出明智的決策：

1. 溢價過高要小心（＞3%為過高）

　　ETF股價由市場淨值決定，可能低於或高於淨值而產生折價或溢價。折溢價過大，代表ETF成交價格產生偏離，所以要避免在溢價太高時買進，簡單來說，出現溢價時進場買進，就是買太貴了，一般溢價超過3％時就要小心。

　　舉例來說，投資人認為2023年進入升息尾聲，紛紛搶進長天期債券ETF，結果造成元大美債20年ETF（00679B，全名為元大美國政府20年期以上債券證券投資信託基金）大幅溢價的

圖表 2-3　市場常見 ETF 種類及標的範例

ETF 類別		ETF 名稱（全名）	代號
主題型	半導體	中信關鍵半導體（中國信託臺灣 ESG 永續關鍵半導體 ETF 證券投資信託基金）	00891
		富邦台灣半導體 （富邦台灣核心半導體 ETF 證券投資信託基金）	00892
	5G	國泰台灣 5G+ （國泰台灣 5G PLUS ETF 證券投資信託基金）	00881
		元大全球 5G （元大全球 5G 關鍵科技 ETF 證券投資信託基金）	00876
	電動車	國泰智能電動車 （國泰全球智能電動車 ETF 證券投資信託基金）	00893
		永豐智能車供應鏈 （永豐台灣智能車供應鏈 ETF 證券投資信託基金）	00901
	ESG	富邦公司治理 （富邦臺灣公司治理 100 證券投資信託基金）	00692
		永豐台灣 ESG （永豐台灣 ESG 永續優質 ETF 證券投資信託基金）	00888
高股息		元大高股息 （元大台灣高股息證券投資信託基金）	0056
		國泰永續高股息 （國泰台灣 ESG 永續高股息 ETF 證券投資信託基金）	00878
市值型		元大台灣 50 （元大台灣卓越 50 證券投資信託基金）	0050
		富邦台 50 （富邦台灣采吉 50 證券投資信託基金）	006208

圖表 2-4　市場常見 ETF 種類及適合投資人類型

類型	適合的人	特點
主題型	1. 主動型投資人	偏好自己挑選投資標的，對市場有深入的了解；喜歡將資金投入特定產業或熱門主題。
	2. 對某個產業有興趣	對特定產業或主題有濃厚的興趣，且具備相關知識，願意專注於相關行業的投資機會。
	3. 常看新聞、關心時事	積極關注市場新聞和熱門時事，以了解對投資的影響，尋找市場趨勢和機會。
高股息	1. 防禦型投資人	偏向保守投資，注重本金保護；優先追求穩定的股息收入。
	2. 以領息為主，賺價差其次	依靠股息作為主要的投資回報，對股價波動不太敏感。
	3. 沒時間盯盤	希望建立長期投資組合，減少交易和盯盤的需求。
市值型	1. 穩健型投資人	偏向長期投資，期待穩定的資本增值；喜歡選擇追蹤大型股票指數的 ETF。
	2. 看好台股長期報酬向上	對臺灣股市的長期前景有信心，願意長時間持有股票，預期長期報酬會增長。
	3. 沒時間盯盤	希望建立長期投資組合，減少交易和盯盤的需求。

狀況，代表已然是過熱狀態。此外，連結海外標的之 ETF，也可能因國內外市場交易時間差，而有折溢價情形。

2. 費用率越低越好（＞2% 為過高）

大部分國內 ETF 的費用率都小於 1%，而海外型 ETF 則會落在 1% 以上；所以，長期投資費用率越低，對於長期回報的影響越小。

3. 流動性太低容易買貴（日均成交量＜100 張要小心）

為了促進 ETF 流動性，市場中有造市商（按：指證券自營商會在市場中掛單買賣，減少投資人買不到或賣不掉的情況）的存在，但這些造市商也僅限以合理價格來買賣，當 ETF 交易量較低時，可能會出現賣方以高於市價 5% 的價格掛單賣出，等待願者上勾，因此如果每日均成交量太低，就要小心出現價差偏誤而買貴了。

4. 淨值太低有下市危機

根據臺灣金融監督管理委員會證券期貨局的規定，ETF 最近 30 個營業日的平均規模低於終止門檻（股票 ETF 終止門檻一般為 1 億元，債券 ETF 一般為 2 億元）時，就必須下市。另外，若是資產規模太小或淨值過低，經理費無法支撐這檔 ETF 的運作，發行的投信公司也可以報請主管機關申請下市。所以在買進前，

應先觀察交易量及淨值狀況，評估其市場流動性，以確保不會遇到下市的風險。

5. 留意景氣循環影響

ETF 的價格會因經濟、政治、貨幣匯率、法律等各種因素影響市場而波動，近年來許多投信公司發行新的 ETF，包括電動車、綠能、基因生技等，雖然都宣稱是未來的趨勢主流，但仍然會受到不同市場的風險影響。因此即使未來前景再看好，也要留意景氣循環及國際金融環境的影響。

6. 投資組合太集中

ETF 是分散持有多檔個股的投資組合，較不受個別標的的風險影響，然而有些主題型 ETF，仍可能有曝險集中於少數個股、集中投資於特定產業或單一商品的情形。

例如瞄準全球智能電動車上、中、下游供應鏈的國泰智能電動車（00893，全名為國泰全球智能電動車 ETF 證券投資信託基金），目前持股前三名為輝達（美股代號 NVDA）15.04%、特斯拉（美股代號 TSLA）14.47% 及超微（美股代號 AMD）13.73%，總和占比為 43.24%。當這三檔股票同時出現劇烈震盪時，對於國泰智能電動車（00893）的影響也就會非常大。

又如元大台灣50（0050），主要是以台股市值來進行排序，由於台積電在其中的占比高達 46.36%，所以一旦台積電

在短期出現暴漲或暴跌，對於元大台灣 50（0050）的投資人來說，也會是一場冷熱交替的三溫暖。

7. 追蹤誤差風險

　　所謂追蹤誤差是指，ETF 報酬率與標的指數報酬率的差異程度。雖然 ETF 的報酬表現，理論上應是盡可能貼近所追蹤的指數，但實際上兩者的報酬率往往存在落差，產生原因有很多，包括基金須支付的費用及支出影響；基金資產與成分股之差異；基金的計價貨幣、交易貨幣及投資所用貨幣之間的匯率差價；成分股的股利分配；基金經理人所使用的追蹤工具及複製策略等，皆會造成 ETF 的資產淨值與股價指數間存在落差。

　　明顯的例子是元大台灣 50（0050）與所追蹤的臺灣 50 指數，截至 2023 年 10 月累積的追蹤誤差為 −0.83％，代表元大台灣 50（0050）落後所追蹤的指數。另一檔元大台灣 50 正 2（00631L）與所追蹤的台灣 50 單日正向 2 倍報酬指數，目前今年累積的追蹤誤差為 9.31％，代表元大台灣 50 正 2（00631L）領先所追蹤的指數。

③ 只靠定期定額不夠，額外資金逢低加碼

　　資金不夠多的投資人，一定都聽過「定期定額」，簡單來說，就是針對某一檔標的，每隔一段固定的期間，買入固定金額的投資策略。例如固定在每個月的 13 日，買進 3,000 元的元大台灣 50（0050），由於股價會變動，每次能買進的股數便會略有不同。

　　這幾年定期定額存股的投資方式盛行，讓許多投資新手、小資族也開始加入存股一族。只要初期設定好投資時間及金額，之後投資帳戶便會固定自動執行，因此，定期定額可以歸納出 4 大好處：

　　1. **懶人投資**：控制資金的配置，將重心放在本業。

　　2. **維持紀律**：克服情緒干擾，專注目標執行。

　　3. **攤平成本**：等待微笑曲線，大幅拉低成本風險。

　　4. **複利滾存**：運用「本金 × 時間 × 報酬率」黃金複利公式，隨著時間資產增長翻倍。

圖表 2-5　定期定額的微笑曲線投資策略

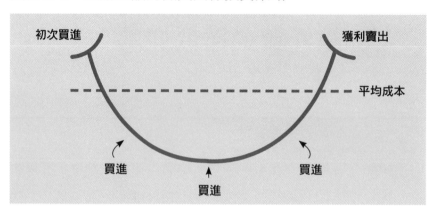

不過在使用定期定額投資策略之前，有 3 大重點一定要特別注意：

1. 選擇穩健投資標的

　　首先一定要仔細選擇適合定期定額的標的。由於 ETF 是由一籃子個股所組成，因此可以從個股的角度開始分析。老牛建議，定期定額的標的必須是長期穩健、不受景氣影響的公司，也就是說景氣循環類股並不適合存股，例如：水泥、鋼鐵、航運、塑化等，因為這些產業的淡旺季分明，公司在暢旺時可以有盈餘分配給股東，但是當淡季來臨，就沒辦法提供穩定的股利，將大幅影響存股的效益。

　　回到 ETF 上，就是觀察其成分股中，屬於景氣循環股的比重有多少，若是占比偏高，就有可能影響股利無法穩定發放。此

外，反向型及槓桿型 ETF 也都不適合定期定額投資法。

2. 不被短期投報率影響

剛開始投資的新手，通常會很緊張的盯著股價，被短期震盪影響心情，定期定額就是破解這種焦慮的方法，但也有很多人熬不過，自己打破這個投資規律，另外買進或賣出。

其實只要是值得長期擁有的好股，即使遇到大跌 10％ 以上，也不用太過擔心，但如果因為看到眼前的下跌，就輕易賣出個股，反而會立刻實現虧損，無法享受到未來反彈和大波段上漲的獲利。

一旦開始定期定額投資後，老牛建議至少要熬 3 年以上，耐心累積股利回報讓資金規模變大，這個過程也會鍛鍊投資心態，不會輕易被情緒或市場消息牽著走，一方面這樣才能稱得上是存股，另一方面往後進階投資波動性大的步步高升股時，才能有穩健的心態應對。

3. 額外資金逢低加碼

當手邊有額外的資金，例如年終獎金、股利等，老牛建議大家可以先存下來，等到股市下跌回檔時，在定期定額的投資之外再「逢低加碼」，增加存股規模。

以同樣金額的資金來說，當買進的股價越低，可以買到的股數會越多。例如同樣拿 10 萬元買進國泰永續高股息（00878），

當股價為 20 元時，可買到 5 張，但如果等到跌至 18 元時再買進，可以買到 5.55 張，較前者多出五百多股。逢低加碼能加速累積股數，存股後期所滾出來股息，就可應付定期定額的資金，利滾利享受回報。

只靠定期定額，投資效益越來越小

都說定期定額屬於長期投資，所以投資人需要耐心，如果想追求快速利潤，那麼定期定額的投資策略就不適合你。然而，定期定額長期投資也有缺點，如果所選標的長期下跌，可能會發生虧損，特別是當市場處於熊市時。此外，決定停止定期定額、準備出場，像是打算靠定期定額累積下來的資產退休時，若是不幸碰上股災，可能會讓這筆退休金直接縮水。

還有一個大家沒有想到的事情，即是採用定期定額一段時間後，整體資金已經累積到一定程度，這時最初設定的投入金額，因為占總資金的比例過小，影響力會下降，就像將小石頭丟到池塘中，只會出現一點水花。

例如起初設定每個月投入 3,000 元，定期定額 3 年之後，總資金已達 108,000 元（3,000 元×36 個月），這時每月投入的 3,000 元只占總資金不到 3%，即使買進成本位於低點，也會因為占比太小，無法有效降低整體投資成本。

殖利率估價法，穩穩賺 7%

　　近年高股息 ETF 在台股市場中越來越熱門，引起的風潮讓不少並未強調配息的 ETF 開始跟進，紛紛改為季配息，例如元大台灣高息低波（00713，全名為元大台灣高股息低波動 ETF 證券投資信託基金）在 2022 年 9 月改為季配息，元大高股息（0056）也在 2023 年 5 月宣布改為季配息。

　　截至 2023 年，台股高股息 ETF 的整體規模已超過 5,500 億元，會越來越受歡迎，是因為它們有下列吸引力：

　　1. 穩定的現金流：無論市場如何波動，都有穩定的現金流入，這對於依賴投資收入來支付日常開支或退休金的投資者來說，特別有吸引力。

　　2. 多元化投資：投資標的包含不同的產業，可以幫助投資者降低單一股票風險。

　　3. 透明低成本：與主動管理的投資基金相比，高股息 ETF 通常具有更低的管理費用，並且成分股資訊透明度高，可以輕易快速了解。

雖然投資高股息 ETF 看中的，是高殖利率及高配息率，也要買在便宜價或合理價才更划算，老牛接下來要教大家透過「殖利率回推」的方式，計算便宜價、合理價的位階。

一般來說，計算殖利率的公式為：

殖利率＝股利÷股價

但是經過轉換之後，就可以得到：

股價＝股利÷殖利率

所以我們可以記錄高股息 ETF 近 1 年來所配發的股利，再套入合適的殖利率，然後來推算股價位階。通常我會建議以殖利率 5%、6%、7%，作為便宜價、合理價及昂貴價的計算基準，算法如下：

便宜價＝股利÷7%殖利率

代表只要在便宜價以下買進，投資人就可享有 7%以上的殖利率。

合理價＝股利÷6%殖利率

代表如果買進價格介於便宜價及合理價之間，投資人可享有 6%～ 7%之間的殖利率。

昂貴價＝股利÷5％殖利率

代表若在昂貴價以上買進，投資人便僅能領取 5％左右的殖利率，並不符合高股息 ETF 的期待。

下面套入實際金額試算，假設一檔高股息 ETF 近 1 年的股利為 1 元，它的股價位階分別計算如下：

便宜價＝股利÷7％殖利率＝1÷0.07＝14.29 元

合理價＝股利÷6％殖利率＝1÷0.06＝16.67 元

昂貴價＝股利÷5％殖利率＝1÷0.05＝20 元

老牛再用 3 檔 ETF 近 1 年配發的股利為例說明：

● 國泰永續高股息（00878）

國泰永續高股息（00878）為季配息，2023 年配發的股利分別為 0.27 元、0.27 元、0.35 元及 0.35 元，合計為 1.24 元。所以股價位階分別計算如下：

便宜價＝股利÷7％殖利率＝1.24÷0.07＝17.71 元

合理價＝股利÷6％殖利率＝1.24÷0.06＝20.67 元

昂貴價＝股利÷5％殖利率＝1.24÷0.05＝24.8 元

● 國泰股利精選 30（00701）

國泰股利精選 30（00701）為半年配息一次，近一年配發的兩次股利分別為 0.66 元及 0.2 元，合計為 0.86 元。所以股價位階分別計算如下：

便宜價＝股利÷7%殖利率＝0.86÷0.07＝12.29 元

合理價＝股利÷6%殖利率＝0.86÷0.06＝14.33 元

昂貴價＝股利÷5%殖利率＝0.86÷0.05＝17.2 元

● 富邦臺灣優質高息（00730）

富邦臺灣優質高息（00730）為一年配息一次，2023 年配發股利為 1.136 元，股價位階分別計算如下：

便宜價＝股利÷7%殖利率＝1.136÷0.07＝16.23 元

合理價＝股利÷6%殖利率＝1.136÷0.06＝18.93 元

昂貴價＝股利÷5%殖利率＝1.136÷0.05＝22.72 元

或許會有人說，這樣的推估方式準確嗎？的確，由於高股息 ETF 是近幾年才有如雨後春筍般大量冒出，所以會有 3 大風險值得投資人特別注意：

1. **數據不足**：近幾年出現了許多高股息 ETF，因為成立時間還很短，尚未有大量股利數據來支持其配息的穩定性。

2. **拉抬溢價**：由於進場買進的投資人過多，導致價格遭到一

時間的拉抬，使得計算出來的便宜價甚至合理價顯得難以實現，但老牛仍要提醒大家，盡量別買在溢價的時候。

3. 不夠保守：已有不少 ETF 迎合高股息的特性，變更股利發放政策，從原本的半年配或年配改為季配息，如果變化過大，也會造成推算股價時有誤差，這時可以在推算時再更保守一點。

因此，老牛建議大家，可以持續追蹤後續股利發放消息，並重新計算便宜與合理位階，最重要的是，千萬記得「先估價才能夠安心買」！

老牛建議的月月配組合

投資界有一句經典格言：「不要試圖預測市場，而要準備好參與市場。」這句話揭示了長期投資的成功關鍵：有計畫、有目標的投資，而不是盲目跟風，或是急於追求短期回報。

打造月月配息 ETF 組合，就是一個很好的長期投資計畫，但是在開始之前，老牛要先告訴大家，ETF 的配息機制就像是切披薩一樣，切成 2 塊就是半年配、切成 4 塊則是季配息，月配息就是切成 12 塊，把一整年的配息金額加總起來，其實結果都是一樣的。

有了最基本的認知之後，我們來看看打造月月配息 4 步驟：

1. 設定投資目的

先問問自己為什麼要投資？是為了賺取額外的收入，維持退休生活品質，還是實現特定的財務目標？不同的投資目的會影響投資策略和風險承受能力，老牛建議要先了解自己的投資屬性，是保守型、穩健型還是積極型，再加上年齡一起評估。

2. 了解投資標的

確定自己的投資目的後，就可以開始選擇合適的投資標的。找出市場中能夠提供穩定股息的 ETF，並深入了解這些標的的屬性、篩選規則、投資風險和配息特性，再配合自己需要的現金流選擇調配。

3. 買在合理價格

買進價格夠不夠便宜，是投資成功的另一個關鍵，儘管追求的是月月配息，但仍然需要關注資產的估值。

高股息 ETF 的估價方法就如老牛在前文分享過的，只要多練習幾次就可以上手；市值型 ETF 較難估值，建議可以採取定期定額的方式投入；主題型 ETF 由於偏重產業發展趨勢，建議可以採取「右側交易」（詳細說明請見第 5 章第 1 節）的方式來找到相對低點買進。同時別忘記風險管理，適當的分散投資以減少單一標的風險。

4. 定期檢視修訂

最後一步是定期檢視和修訂投資組合，當然也要重新計算合理價位，才能確保買在相對便宜的位階。

投資環境會不斷變化，自己的投資目標和風險承受能力也可能隨時間而變，像是當孩子長大，教育費用支出可以減少，代表不需要那麼多現金流了，就可以減少高股息 ETF 的投入金額，

圖表 2-6　老牛建議的月月配息組合

投資屬性	說明	建議投資組合
懶人型	什麼都不想思考，一切以簡單容易為主。	直接選擇月配息的高股息 ETF，例如復華台灣科技優息（00929，全名為復華台灣科技優息 ETF 證券投資信託基金）。
防禦型	注重本金保護，優先追求穩定股息收入的投資人。	選擇半年配、季配息或雙月配的高股息 ETF，同時考慮產業配置，建議組合： • 元大高股息（0056）＋國泰永續高股息（00878）＋群益台灣精選高息（00919） • 元大高股息（0056）＋國泰永續高股息（00878）＋元大台灣高息低波（00713）
穩健型	期待資本穩定增加的投資人。	可以高股息搭配市值型 ETF，建議 3 種組合如下： • 元大高股息（0056）＋元大臺灣 ESG 永續（00850）＋元大台灣高息低波（00713） • 中信臺灣智慧 50（00912）＋國泰永續高股息（00878）＋中信綠能及電動車（00896） • 永豐 ESG 低碳高息（00930）＋永豐優息存股（00907）
退休型	依靠股息作為主要收入的投資人。	以高股息搭配債券型 ETF，建議組合： • 元大高股息（0056）＋元大美債 20 年（00679B）＋元大台灣高息低波（00713） • 元大投資級公司債（00720B）＋國泰永續高股息（00878）＋群益台灣精選高息（00919）

調升市值型 ETF 的比例；抑或是已到退休年齡，想增加未來退休金的配置，便可以增加債券型 ETF 的部位，減少市場波動所帶來的影響。定期檢視自己的投資策略，才能確保它們仍然與投資目標保持一致。

這 4 步驟的過程需要耐心和細心，但它可以幫助你實現穩定的現金流，提供財務安全感，並有助於實現長期財務目標。

圖表 2-7　老牛建議各檔 ETF 配息月分

ETF 名稱（代號）	配息月分
復華台灣科技優息（00929）	每月配息
元大高股息（0056）	1 月、4 月、7 月、10 月
中信臺灣智慧 50（00912）	1 月、4 月、7 月、10 月
元大投資級公司債（00720B）	1 月、4 月、7 月、10 月
國泰永續高股息（00878）	2 月、5 月、8 月、11 月
元大臺灣 ESG 永續（00850）	2 月、5 月、8 月、11 月
元大美債 20 年（00679B）	2 月、5 月、8 月、11 月
群益台灣精選高息（00919）	3 月、6 月、9 月、12 月
元大台灣高息低波（00713）	3 月、6 月、9 月、12 月
中信綠能及電動車（00896）	3 月、6 月、9 月、12 月
永豐優息存股（00907）	2 月、4 月、6 月、8 月、10 月、12 月
永豐 ESG 低碳高息（00930）	1 月、3 月、5 月、7 月、9 月、11 月

資料來源：台灣股市資訊網。

現今 ETF 盛行，市場上已傳出「存個股不如存 ETF ？」的質疑聲浪，但老牛並不認為如此，因為相較於 ETF，投資金融股、高殖利率股及趨勢成長股需要承擔較大的風險，但仍然有其優勢，像是更容易抓出高低點，及估算合理價位，很適合已累積一些投資經驗及資金後，進一步接觸。所以談完 ETF 之後，下一章就接著討論金融股，往更進階的投資領域邁進。

本章重點

1. 如果你的目標是建立一個能夠每個月產生穩定現金流的機器，ETF 是一個強大的工具，不過在關注高殖利率之外，也須留意配息來源、穩定度及填息能力，千萬不要領了股息卻賠掉價差。

2. 了解如何估價也是高股息 ETF 投資的關鍵技能，無論市場是樂觀還是悲觀，都有助於做出更明智的買入或賣出決策；以數據理性估價，才不會陷入追高殺低的價格迷思中。

第 3 章

600 萬人看好，存股族首選

► **下跌時抱得安心，上漲時抱得開心！** ◄

抱緊股具備高殖利率、高內在價值、高獲利成長等特性，
讓投資人不畏外在環境變化，下跌時抱得安心，上漲時抱得開心！

1　每 2 位投資人，就有 1 位持有

　　由於金融業屬於「有政府核准」才能開門營業的特許行業，受到主管機關的嚴格監管，較不容易出現疏漏舞弊、財務虧空等事件。所以一直以來，我都堅信金融股很適合深入研究並投資，會虧損的機率相對低，而且只要買進的價格便宜，並且拉長投資時間，更能夠提供穩定的回報。

　　此外值得注意的是，臺灣金融股的股東人數已經超過 600 萬人，也就是每 2 位投資人中，就有 1 位持有金融股（按：臺灣證券交易所 2023 年 9 月公布投資人開戶數統計為 1,242 萬 7,916 人），更是強而有力的證明，金融類股在投資界具有相當大的吸引力。

　　在上市櫃的金融股當中，主要有 5 大分類，包括金控股、銀行股、保險股、證券股及租賃股，而投資大眾和新聞常講的金融股，通常是指金控股及銀行股。金控股可說是金融業的「航空母艦」，多半旗下有銀行、證券、投信、投顧、創投等子公司，各子公司的業務獨立運作，且彼此間也能相互合作，臺灣現行的金控股總共有 14 家，包括常見的國泰金（2882）、富邦金

（2881）、中信金（2891）、玉山金（2884）等。銀行股就單純以銀行為主體，獲利來源也是以銀行業務為主目前銀行股共有 11 家，包括彰銀（2801）、臺企銀（2834）、京城銀（2809）等。

一般來說，金融股每年殖利率多半落在 4%～5% 之間，所以與其把錢放在銀行定存，倒不如拿來投資金融股。但為什麼銀行可以這麼穩定的配發股息？他們是如何賺錢的？從下面這則網路笑話，可以窺見一二：

某天，一個銀行家的兒子好奇的問：「爸爸，你銀行裡的錢並不是你的，全部都是客戶的，你怎麼會有錢能買大房子、跑車和遊艇？」

銀行家緩緩坐下並微笑著說道：「兒子，你知道冰箱裡有一大塊肥肉嗎？」兒子點點頭，於是銀行家把肥肉拿出來交給兒子，然後說：「現在你把它放回去。」兒子一邊照做，一邊滿臉疑惑，銀行家笑著解釋：「你看看你的手上，是不是已經沾到了一些油？」

金融世界正是這樣運作的，不同的對象透過金融機構的業務交換金錢，像是儲匯、保險、投資等，金融機構便在每一次換手中收取些許費用，藉此找到長期獲利機會。因此，金融股具備 5 大優勢：

1. **獲利穩健**。金融股具備明確的穩定獲利模式，較不受季節性與市場波動影響。

2. **賺錢賺不停**。金融企業的多元化獲利模式，加上不受時間及地域的限制，能夠 24 小時全天候提供服務，等於隨時隨地都在賺錢。

3. **穩定配息**。存股族最看重的就是可靠的現金流，金融股穩定配息的特性，獲得不少投資人的青睞。以兆豐金（2886）來說，從 2013 年起，長達 10 年現金股利穩定配發 1 元以上，殖利率保持在 5%～6% 之間，便是很多存股族的口袋名單。

4. **銅板小資價**。相較於高價電子股，金融股股價偏低，大多落在 10 元至 30 元之間，也就是銅板價格，像是台新金（2887）股價長年維持在 20 元以下，元大金（2885）的股價從未超過 30 元，小資族能夠輕易的參與其中，甚至有機會每個月都存上一張金融股。

5. **股價波動小**。金融股只有遇到重大財經政策變動時，才會較為敏感，例如升息及降息時，股價會因為投資人預期獲利提升或降低而波動。其餘大部分時間股價波動較小，相對穩定，讓投資人更容易管理風險，在市場震盪時也能保持冷靜。

總結來說，金融股因其穩健的獲利性、賺錢潛力、穩定配息、銅板價和較小的波動性，使其成為理想的投資選擇，特別適合資金不多、風險承受度較低的投資人存股，以長期穩定的回報來逐步累積資產，是投資組合中的穩定支柱。

2 長期投資找銀行股、賺價差找壽險股

　　雖說金控公司擁有各種不同業務的子公司，但仍然有主力部隊，作為公司的主要獲利主體，大致上可分成 4 種，分別為壽險、銀行、證券與票據。

　　舉例來說，富邦金（2881）是以富邦人壽為獲利主體，國泰金（2882）以國泰人壽為主要獲利，開發金（2883）是以中國人壽為主力部隊。而玉山金（2884）、兆豐金（2886）、台新金（2887）、第一金（2892）等，都是以銀行為獲利主體。（見第 105 頁圖表 3-1）

　　因為金控股的獲利來源多元，所以當股票市場或債券市場下跌時，所投資部位或多或少都會發生價值減損，影響獲利，但細部拆解可以看到，壽險股和銀行股所遭受的影響，仍有差異。

　　這兩年美國聯準會強勢升息，而臺灣中央銀行則是採取溫和升息，導致兩國利差持續擴大，對銀行業的影響便是存放款利差擴大，產生較大的獲利空間。像是第一金（2892）在 2022 年升息循環下，受惠於臺美利差逐季擴增，其銀行子公司第一銀行在 2022 年獲利達 203.28 億元，年增率 15.2%，也是自成立以來歷

史新高。但以壽險為主的金控股，因為防疫保單的虧損，再加上股債市的減損，獲利狀況就比較慘烈。

因此，當金控股碰上獲利亂流時，我的投資態度是：要長投找銀行股，賺價差找壽險股，可以從玉山金（2884）、兆豐金（2886）及富邦金（2881）這 3 檔例子來看。

兆豐金（2886）的獲利穩定，已經連續 22 年配發股利，合計 28.54 元，可連續配息，就表示公司不怕股災襲擊；近 10 年股利最高發出 1.7 元，最低都有 1.11 元，也顯示現金流充裕，再加上有政府加持的官股屬性（按：官股詳細說明見第 3 章第 4 節），投資人可以安心長期投資。

另外屬於民營金控的玉山金（2884），也已連續配發股利 16 年，合計 17.1 元，近 10 年股利最高發出 1.59 元，最低為 0.57 元，同樣顯示公司現金流充裕。還有另一項適合長期投資的優勢是，不只配發股利，也會配股票，是老牛喜歡的「有吃又有拿」型標的，已經長期抱緊很多年。

反觀壽險型金控富邦金（2881），2022 年防疫險大量理賠件數，造成直接損失約 821 億元，再加上 2022 年股市空頭影響，所投資的股票及債券下跌，獲利出現大幅下滑，股價也遭受劇烈波動，從 2022 年最高點的 81.9 元，一路下殺最低曾來到 47.7 元，股價一度殺到 10 年線之下。好在進入 2023 年後，股債市價格回溫、防疫險理賠損失也歸零，兩大利空因素消失，第 3 季淨值回到 50.46 元，股價也從低點回到 6 字頭。

　　由於壽險型金融股的獲利劇烈變化，造成淨值的大幅變動，使得股價也較容易上漲或下跌波動，所以老牛會建議投資人，想要賺取價差，可以考慮買進壽險型金融股。

圖表 3-1　14 家金控股獲利主體分類

獲利主體	金控股	補充說明
以壽險為主	富邦金（2881）	
	國泰金（2882）	
	開發金（2883）	
	新光金（2888）	
以銀行為主	華南金（2880）	官股
	玉山金（2884）	
	兆豐金（2886）	官股
	台新金（2887）	
	永豐金（2890）	
	中信金（2891）	
	第一金（2892）	官股
	合庫金（5880）	官股
以證券為主	元大金（2885）	
以票據為主	國票金（2889）	

圖表 3-2　富邦金（2881）股價圖

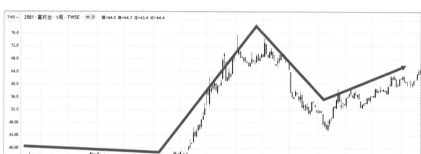

富邦金（2281）以壽險為獲利主體，股價波動
較大，適合短期投資，賺取價差。

資料來源：TradingView。

圖表 3-3　玉山金（2884）股價圖

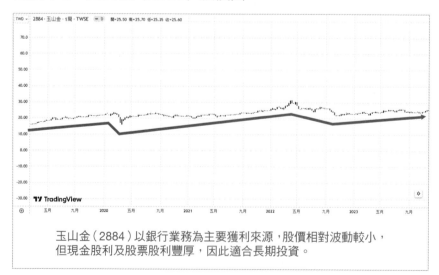

玉山金（2884）以銀行業務為主要獲利來源，股價相對波動較小，
但現金股利及股票股利豐厚，因此適合長期投資。

資料來源：TradingView。

老牛小教室

金融特別股

　　金融股名稱若帶有「特」、「甲特」、「乙特」等字樣，表示這檔個股是「特別股」，同時擁有股票和債券的性質，以發行時間的先後順序，採取甲特、乙特、丙特等依序命名。

　　特別股和一般股票一樣，可透過證券交易取得，同樣也有領取股利的權益，但不具有「普通股」股民的公司經營參與權力，這部分如同債券的債務關係。此外，特別股通常具有優先於普通股股東的權益，公司清算時，會比普通股股東優先償還權益，僅次於債權人。

③ 低點到了沒？
金融股 4 大估價法

　　金融股很適合長期投資，但能買在划算的價格更好。接下來老牛便從 4 個常見的估價方式來說明，包括以平均現金股利為基準計算、跳樓價、本淨比及本益比估價法。

以平均現金股利推算便宜價

　　由於金融股連年獲利、股利發放穩健，所以我自己偏好從殖利率的角度來估價，計算公式為「配發股利÷目前股價」，概念類似第 2 章所提到的高股息 ETF 估價方式，讓我們再複習一次。

殖利率＝股利÷股價

經過轉換之後成為：

股價＝股利÷殖利率

　　為了彌平股利發放的波動度，所以我們用近 5 年的平均股利，來取代股利：

股價位階＝近 5 年平均股利÷殖利率

所以，「便宜價、合理價、昂貴價」的計算公式即為：

便宜價＝近 5 年平均股利÷6%
合理價＝近 5 年平均股利÷5%
昂貴價＝近 5 年平均股利÷4%

以近 5 年的平均股利反推，在便宜價買進，每年平均可領 6% 股利（殖利率 6%），所以非常划算；在合理價買進，每年平均可領 5% 股利（殖利率 5%），算是合情合理；在昂貴價買進，每年平均只能領 4% 股利（殖利率 4%），CP 值不夠好。

如果以近 5 年（2019 年至 2023 年）的平均股利計算，14 家金控股的殖利率估價結果整理如右頁圖表 3-4。

進一步觀察，由於壽險型金控股的獲利變化較大，其股利發放的幅度也更大，例如國泰金（2882）在 2022 年發放 3.5 元高額股利，到了 2023 年卻僅發放 0.9 元股利，縮水將近 3/4。而銀行型金控股因獲利穩定，其股利發放也較為穩定，例如兆豐金（2886）在近 5 年當中，最高發放 1.7 元股利，最低也有 1.32 元股利，其穩定程度深受投資人喜愛。

以殖利率估價需要注意一點，由於是採用近 5 年股利來評估，所以在每年股利政策公布之後，必須重新計算。如果公司前一年獲利較佳，股利也會發得大方，此時位階就會拉高；反之，

圖表 3-4　14 家金控股殖利率估價表

名稱 （代號）	近 5 年平均 股利	便宜價	合理價	昂貴價	跳樓價 （10 年線）
華南金 （2880）	0.89 元	14.83 元	17.8 元	22.25 元	18.9 元
富邦金 （2881）	2.8 元	46.67 元	56 元	70 元	52.2 元
國泰金 （2882）	2.08 元	34.67 元	41.6 元	52 元	46.7 元
開發金 （2883）	0.49 元	8.17 元	9.8 元	12.25 元	10.6 元
玉山金 （2884）	1.23 元	20.5 元	24.6 元	30.75 元	22.8 元
元大金 （2885）	1.18 元	19.67 元	23.6 元	29.5 元	17.6 元
兆豐金 （2886）	1.59 元	26.5 元	31.8 元	39.75 元	28.6 元
台新金 （2887）	0.91 元	15.17 元	18.2 元	22.75 元	14.4 元
新光金 （2888）	0.28 元	4.67 元	5.6 元	7 元	9.0 元
國票金 （2889）	0.7 元	11.67 元	14 元	17.5 元	10.9 元
永豐金 （2890）	0.75 元	12.5 元	15 元	18.75 元	12.7 元
中信金 （2891）	1.06 元	17.67 元	21.2 元	26.5 元	21.0 元
第一金 （2892）	1.15 元	19.17 元	23 元	28.75 元	21.1 元
合庫金 （5880）	1.11 元	18.5 元	22.2 元	27.75 元	19.5 元

註：便宜價計算為「近 5 年平均股利÷6％」；合理價計算為「近 5 年平均股利÷5％」；昂
　　貴價計算為「近 5 年平均股利÷4％」。
資料來源：台灣股市資訊網，2023 年 12 月 1 日。

若前一年的獲利下滑，股利就會縮水，同時影響便宜價的金額。所以老牛用近 5 年的平均股利來平滑位階的變化，讓算出來的股價不會跳動太大。

低於過去 10 年平均就是跳樓價

「跳樓價」是商家常見用來吸引人氣的方法，只要看到這三個字，就代表價格非常超值，而老牛發現在金控股上也有類似的優惠。

金控股的跳樓價估價是採用 10 年線，也就是近 10 年的平均股價（因此也稱均線），由於金控股的獲利穩定，就算發生股災，股價下跌也很有限，如果出現股價低至 10 年線，應屬 10 年難得一見，就可算是跳樓價的位階，這時買進的 CP 值最高！

股價會依時間而不斷跳動，計算平均股價的期間越短，跳動幅度越明顯，從下方圖表可以看出，近半年平均股價的「半年線」起伏最大，10 年線是一條微幅波動的平滑線，也由此可知，今年的 10 年線與明年的 10 年線，差異不會太大。

攤開富邦金（2881）的股價圖，老牛依照所計算出來的股價位階高低，包括昂貴價 70 元、合理價 56 元、跳樓價 51.2 元及便宜價 46.7 元，分別繪入股價圖中。

從第 114 頁圖表 3-6 上可以明顯看到，富邦金（2881）的股價近年都在便宜價附近，2021 年時曾衝到昂貴價 70 元以上，但

圖表 3-5　均線說明圖

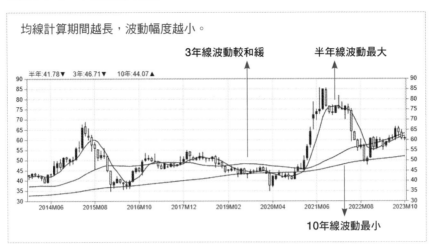

均線計算期間越長，波動幅度越小。

3年線波動較和緩

半年線波動最大

半年:41.78▼　3年:46.71▼　10年:44.07▲

10年線波動最小

2014M06　2015M08　2016M10　2017M12　2019M02　2020M04　2021M06　2022M08　2023M10

資料來源：台灣股市資訊網。

是到 2022 年碰上空頭時，一度跌到跳樓價 51.2 元以下，但未碰到便宜價 46.7 元。

　　看到這裡老牛要先特別提醒大家，由於跳樓價估價法及殖利率估價法的計算邏輯不同，因此有可能發生跳樓價比便宜價還貴的情形，依照我個人過去的經驗來看，建議仍**以跳樓價估價法為優先考量**。

　　同樣的方式再套入國泰金（2882）做一次，依照所計算出來的昂貴價 52 元、跳樓價 46.7 元、合理價 41.6 元及便宜價 34.7 元，繪入股價圖中。

　　從第 115 頁圖表 3-7 上可以看到，國泰金（2882）的股價多半落在跳樓價與合理價附近，2021 年時股價同樣衝破昂貴價，

圖表 3-6　富邦金（2881）股價位階圖

資料來源：台灣股市資訊網。

但是 2022 年碰上空頭時，落入跳樓價 46.7 元以下，並且持續在跳樓價與合理價區間來回震盪。

國泰金（2882）及富邦金（2881）均屬於壽險型金控股，從過往的股利發放紀錄可以發現，它們傾向將盈餘保留下來，用於股債市或其他金融商品等更廣泛的投資（用錢滾錢），因此盈餘發放率偏低。此外，2022 年的升息過猛、股債下跌及保單理賠等因素，讓這兩家公司的股價震盪幅度，比穩定收取利息費用的銀行型金控股更大，也呼應了我在前文所提到的，壽險股較適合短期賺價差。

由於金融股的屬性體質均不甚相同，下面我再以銀行型金控股兆豐金（2886）來比較，同樣在股價圖繪入昂貴價 39.8 元、合理價 31.8 元、跳樓價 28 元及便宜價 26.5 元等位階。

圖表 3-7　國泰金（2882）股價位階圖

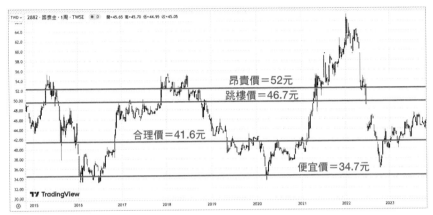

資料來源：台灣股市資訊網。

從下頁圖表 3-8 可以看出，兆豐金（2886）股價長期位於合理價及跳樓價之間，2022 年時一度衝破昂貴價，但也因空頭再落回跳樓價附近。2023 年下半年時的股價，逐漸再回升接近昂貴價，位階已偏高。

本淨比小於 1 時就是買進點

有些投資人會採用本淨比來為金控股估價，計算方式是「股價÷每股淨值（book value）」。一般來說，只要本淨比低於 1，就代表目前股價相對便宜，但現實中，股價變化的複雜度較高，通常不會那麼簡單，所以老牛列出目前 14 檔金控股的本淨比，以及近 5 年的平均本淨比給大家參考。（見第 117 頁圖表 3-9）

圖表 3-8　兆豐金（2886）股價位階圖

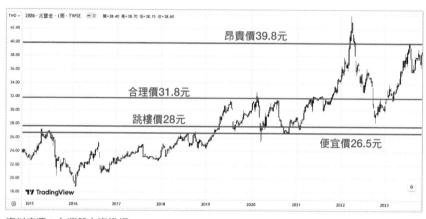

資料來源：台灣股市資訊網。

　　從右頁圖表可以發現，不少金控股的本淨比，每一年都大於 1，例如華南金（2880）、玉山金（2884）、兆豐金（2886）、中信金（2891）、第一金（2892）、合庫金（5880），其中除了玉山金（2884）及中信金（2891）之外，其餘 4 家都是官股。由此便能得出第一個結論：**官股金融的本淨比幾乎都在 1 以上，因此當出現低於 1 時，就是進場的好時機。**

　　而從相對低點的角度來看，壽險型的金控股包括富邦金（2881）、國泰金（2882）、開發金（2883）、新光金（2888）、中信金（2891），他們在 2022 年都碰上投資部位虧損，以及防疫保單的衝擊，股價都大幅下滑，因此本淨比也相對偏低。由此可以得到第二個結論：**壽險型金控股的本淨比波動較大，倘若出現小於 1，則會是歷年來的相對低點。**

圖表 3-9　14 家金控股 2018 年至 2022 年及近 5 年平均本淨比

名稱 （代號）	2022 年	2021 年	2020 年	2019 年	2018 年	近 5 年 平均
華南金 （2880）	1.7	1.4	1.2	1.4	1.2	1.4
富邦金 （2881）	1.4	1.1	0.7	0.9	1.2	1.1
國泰金 （2882）	1.1	1.0	0.7	0.9	1.3	1.0
開發金 （2883）	1.1	1.1	0.7	0.8	0.9	0.9
玉山金 （2884）	1.7	2.0	1.8	1.9	1.4	1.8
元大金 （2885）	1.1	1.1	1.0	1.0	0.9	1.0
兆豐金 （2886）	1.4	1.5	1.2	1.3	1.1	1.3
台新金 （2887）	1.0	1.2	0.8	0.9	0.9	1.0
新光金 （2888）	0.6	0.6	0.5	0.7	0.8	0.6
國票金 （2889）	1.1	1.2	1.0	0.9	0.8	1.0
永豐金 （2890）	1.2	1.1	0.8	1.0	0.8	1.0
中信金 （2891）	1.2	1.2	1.0	1.2	1.3	1.2
第一金 （2892）	1.6	1.4	1.2	1.3	1.2	1.3
合庫金 （5880）	1.7	1.5	1.2	1.2	1.1	1.3

資料來源：台灣股市資訊網，2023 年 12 月 8 日。

圖表 3-10　國泰金（2882）本淨比河流圖

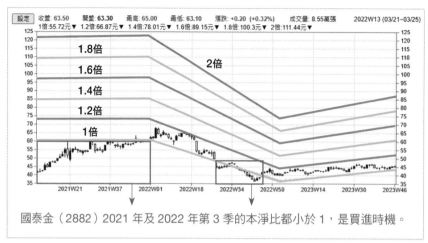

國泰金（2882）2021 年及 2022 年第 3 季的本淨比都小於 1，是買進時機。

資料來源：台灣股市資訊網。

本益比越低，股價越便宜

第 4 種估價法，是以本益比為基準。本益比是個股「股價和盈餘的比例」，數值越高，代表盈餘與股價越懸殊，要花越多時間賺回買進成本，因此本益比估價法就是判斷目前價位買進後，多久可以回本的一種計算方法，公式為：

本益比＝股價÷近 4 季每股盈餘（EPS）

計算出來的數據越低，代表股價相對便宜。

從第 120 頁圖表 3-11 中可以看到，金控股的本益比範圍從 7 倍到 21 倍都有，但即便變動範圍大，仍然可以看出一個輪廓。

　　其中，壽險型的金控股包括富邦金（2881）、國泰金（2882）、開發金（2883）與新光金（2888），由於獲利變化幅度較大，也就是獲利較不穩定，所以本益比通常介於 8 倍至 12 倍之間，落在低區間，所以當本益比落在 10 倍以下時，便可以買進。

　　銀行型金控股的獲利來源較為穩定，本益比就比較高，大多介於 12 倍至 16 倍之間，尤其是 4 家金控官股華南金（2880）、兆豐金（2886）、第一金（2892）、合庫金（5880），本益比甚至落在 15 倍至 16 倍的高倍數位階。因此，銀行型的金融股買點就是本益比 14 倍以下，若是遇到 8 倍以下，更可以加碼；4 家官股金控則是 15 倍時就是買點，這是老牛從歷年數據中所得出的結論。

　　金控股波動小、股價便宜，是不少小資族喜歡的投資標的，老牛自己也喜歡把金控股放入投資組合中。對於估價，大家一定要有正確的認知，那就是估價沒有絕對的方式，也不可能完全正確，可以交叉運用上述 4 種金控股的估價法，並且多多思考，找到自己喜歡的標的後，不管是波段投資還是長期抱緊，都是獲利的好機會！

圖表 3-11 14 家金控股 2018 年至 2022 年及近 5 年平均本益比

名稱 （代號）	2022 年	2021 年	2020 年	2019 年	2018 年	近 5 年 平均
華南金 （2880）	17.7	16.3	27.2	16.8	13.8	18.2
富邦金 （2881）	15.9	6.1	5.5	8.5	10.4	9.3
國泰金 （2882）	15.5	6.0	7.8	9.0	11.9	10.0
開發金 （2883）	12.9	7.5	10.7	11.1	18.0	12.0
玉山金 （2884）	21.9	18.2	17.9	16.1	12.7	17.4
元大金 （2885）	12.6	8.8	10.3	11.5	9.7	10.6
兆豐金 （2886）	23.0	18.8	16.2	14.4	12.5	17.0
台新金 （2887）	13.9	11.6	11.3	12.2	12.0	12.2
新光金 （2888）	6.6	7.9	6.5	10.0	10.0	8.2
國票金 （2889）	27.6	12.4	11.8	12.2	13.2	15.4
永豐金 （2890）	12.0	11.2	10.5	11.7	12.3	11.5
中信金 （2891）	14.3	9.5	9.2	10.4	11.0	10.9
第一金 （2892）	17.0	16.1	16.3	15.3	14.3	15.8
合庫金 （5880）	18.0	16.9	16.4	15.6	14.2	16.2

資料來源：台灣股市資訊網，2023 年 12 月 8 日。

圖表 3-12　元大金（2885）本益比河流圖

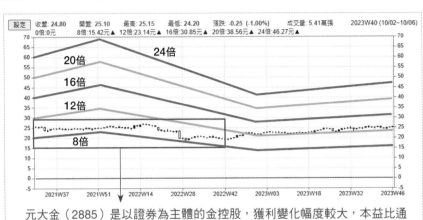

元大金（2885）是以證券為主體的金控股，獲利變化幅度較大，本益比通常在 8 倍至 12 倍之間，因此當落在 10 倍以下時就可以買進。

資料來源：台灣股市資訊網。

4 預知官股銀行股利，政府預算書有線索

　　臺灣的金融產業，除了私人公司之外，還有不少公（官）股銀行，也就是政府直接或間接持有多數股份，畢竟金融系統的穩定，是國家經濟的根本之一。早年的八大行庫：臺灣銀行、土地銀行、合作金庫、第一銀行、華南銀行、彰化銀行、兆豐銀行及臺灣中小企業銀行，其中有 6 家現在已經民營化，可以稱之為泛公股銀行，亦被稱作為官股，包括 4 家金控股及 2 家銀行股，統稱為 4 金 2 銀：

　　4 金（金控）：華南金（2880）、兆豐金（2886）、第一金（2892）、合庫金（5880）。
　　2 銀（銀行）：彰銀（2801）、臺企銀（2834）。

　　即使官股 4 金 2 銀早已民營化，但政府持股比例仍然相當大，財政部、臺灣銀行以及中華郵政，仍是許多官股行庫的大股東。所以投資人可透過政府在每年 8 月底至 9 月初會公布的「財政部預算書」，來推測這幾家官股來年可能派發多少股利。

　　老牛在 2022 年也做過同樣的研究，但由於今年升息影響，導致官股在決定最終股利時，發放現金股利相對保守，所以與預算書版有些差異。先給大家原本的「預算書版」與「最終股利」的比較，雖然說有差異，但仍然可以獲得兩點結論：

　　1. 預算書內只是預估可領到的現金股利，但最終仍有可能會依實際情況調整。

圖表 3-13　2022 年預算書版與 2023 年實際發放股利之比較

類別	官股	2022 年預算書版	2023 年實際發放股利
4 金	華南金（2880）	現金股利 0.5 元	現金股利 0.59 元 股票股利 0 元 合計股利 0.59 元
	兆豐金（2886）	現金股利 1.2 元	現金股利 1.24 元 股票股利 0.08 元 合計股利 1.32 元
	第一金（2892）	現金股利 1 元	現金股利 0.8 元 股票股利 0.3 元 合計股利 1.1 元
	合庫金（5880）	現金股利 1 元	現金股利 0.5 元 股票股利 0.5 元 合計股利 1 元
2 銀	彰銀（2801）	現金股利 0.5 元	現金股利 0.55 元 股票股利 0.25 元 合計股利 0.8 元
	臺企銀（2834）	現金股利 0.2 元	現金股利 0.1 元 股票股利 0.24 元 合計股利 0.34 元

2. 預算書版中寫的是現金股利，而個股實際發放的股息包含現金股利及股票股利兩部分，若是單以發放現金股利來看，可能會少於預算書所寫的金額，但若加上股票股利，最終合計股利的金額應會大於預算書的金額。

官股來年股利預測教學

2024 年的預算書，已於 2023 年 9 月 1 日公布在財政部的網站上，接下來老牛就來教會大家，如何從中早一步推測官股銀行的股息。

第 1 步：查詢財政部的預算書

財政部會在每年 9 月公布隔年的預算書，可以直接進入財政部預算、決算書及會計報表的查詢網頁，網址是 https://www.mof.gov.tw/multiplehtml/212，點選「財政部 113 年度單位預算案」下載 PDF 檔。（見第 127 頁圖表 3-14）

第 2 步：搜尋官股 4 金 2 銀名稱

打開檔案後，搜尋「歲入來源別預算表」，或是直接搜尋想找的官股銀行名稱，下列以合作金庫作為範例，可以在 PDF 檔第 28 頁看到，財政部預期可以從合作金庫領到現金股利 38 億3,388 萬 9,000 元。（見第 127 頁圖表 3-14）

第 3 步：找出目前財政部持有股數

由於實際收到的股息金額，是從「發放的股息×股數」得出，我們目前只知道實收股息多少，只要再找出財政部持有多少股份，就可以知道合作金庫預計發放多少股息。

我們可以至合作金庫官網的投資人專區，查看前十大股東的持股明細，網址是 https://www.tcfhc.com.tw/investors-relations/shareholder-service/shareholder，顯示財政部持有 38 億 3,388 萬 9,460 股，換算下來約 383 萬 3,889 張。（見右頁圖表 3-14）

第 4 步：套入公式計算

套入「實收股息÷股數＝發放的股息」公式，38 億 3,388 萬 9,000 元÷383 萬 3,889 張＝1000 元，即是每張股票發放 1000 元的利息。也就是如果預期財政部的持股不變之下，可推估出 2024 年合作金庫會發出至少 1 元的現金股利。

接下來套用這個方式，可以整理出六大官股的股利預估資訊，並與前一年現金股利實際發放的結果比對。第 128 頁圖表 3-15 是以財政部 2024 年預算書內的股利數字、財政部持股張數，預估 6 大官股金融 2023 年現金股利列表。

官股 4 金 2 銀上了一道政府加持的光環，會倒的機率不高，是很穩定的投資標的，因此大受投資人青睞。但政府加持的另一層面即是，必須配合政策性任務，例如進場護盤、低利貸款等，

圖表 3-14　財務部預算書及官股持有股數查詢

不像民營金融以賺錢為導向，營運效率相對較低。

　　從財政部預算書中找出的 4 金 2 銀明年預估發放股利，未來可能會因為持股改變或是獲利表現影響，導致實際發出的狀況有所調整增加，但依照往年的情況來看，差不多八九不離十。

　　我們再對比去年配息數據，其中華南金（2880）與兆豐金（2886）2023 年的獲利仍然呈現成長，所以 2024 年提高股利的機率相當高，持有這兩家金控股的夥伴可以特別注意一下！

圖表 3-15　以財政部 2024 年預算書預估 6 大官股金融 2023 年現金股利

類別	官股	財政部 2024 年預算書股利	財政部持股張數	預估 2023 年現金股利	與 2023 年預算書比較
4 金	華南金（2880）	1 億 5,074 萬元	23 萬 1,907 張	0.65 元	增加 0.15 元
	兆豐金（2886）	16 億 4,026 萬 8,000 元	117 萬 1,619 張	1.4 元	增加 0.2 元
	第一金（2892）	15 億 1,911 萬 1,000 元	151 萬 9,111 張	1 元	持平
	合庫金（5880）	38 億 3,388 萬 9,000 元	383 萬 3,889 張	1 元	持平
2 銀	彰銀（2801）	7 億 2,817 萬 3,000 元	129 萬 1,658 張	0.56 元	增加 0.06 元
	臺企銀（2834）	3,415 萬 1,000 元	16 萬 6,751 張	0.2 元	持平

另類金融股「租賃三雄」，獲利比金控更強

　　一般我們所熟知的金融業，有銀行、證券公司、保險公司、票券等，但廣泛來說，你家樓下的當鋪也算是金融業的其中一環，因為其業務性質同樣具有資金流動的特性，只不過營運模式不同而已。

　　此外，還有一種常被忽略的即是租賃業。大家對租賃業的認識，通常是到外地旅遊或洽公時，會透過像是「iRent」或格上租車來租借車輛，事實上，有不少買車的朋友會向租賃業者申辦車貸，是有別於銀行的放貸管道，因此也算是一種金融業。

　　市場上的「租賃股」有三家，統稱為「租賃三雄」：中租-KY（5871）、和潤企業（6592）、裕融（9941）。雖然都屬於租賃業，但業務內容仍有區別，中租-KY的業務較為廣泛，包括不動產融資、太陽能電廠、油品事業等，相比之下，和潤企業及裕融則較專注於汽車貸款業務，因此又被另稱為「車貸雙雄」。

　　租賃業的業務內容涵蓋車用及設備（資本）租賃、分期付款業務、融資業務、應收帳款業務等，營運模式類似於銀行業的放貸，供承租人或企業資金上的調度，但細節略有不同。

各種業務模式大致如下：

資本租賃：租賃公司購買企業會用到的機器設備，租給有需求的企業，承租企業按期繳付租金，且可在租約結束後，以優惠價格或條件優先承購或續租。

營業性租賃：指承租人僅單純支付租金取得設備的使用權，租約期滿時，承租人無優先承購或續租之權利。

分期付款業務：由租賃公司提供資金，為廠商購買所需之機器或原物料商品，廠商再依自身的還款能力，選擇適當期間攤還本息。在買方分期付款完成前，租賃公司保有基於動產擔保交易法上可主張之權益。

融資業務：提供企業直接融資，尤其針對新創或中小企業放款，不過呆帳風險相對高，因此利息也比向銀行貸款來得高。

租賃業與銀行業不同的地方則在於：

1. 除了放貸等融資業務外，可透過購買設備出租給承租人，協助企業現金流更彈性管道。

2. 租賃業者承受比銀行更大的呆帳風險，但可訂定較高利率，或是比銀行更多樣性的抵押品，將風險轉嫁出去。

3. 不同於銀行吸收大眾的存款來運作業務，租賃業是以自有資金進行操作。

大家對租賃業務有初步了解之後，接下來老牛分別簡單介紹

租賃三雄，深入解析它們的獲利能力。

中租-KY（5871）

中租-KY（5871）為臺灣租賃業龍頭，除了經營傳統租賃、分期付款及應收帳款受讓業務外，近年陸續朝向多角化事業發展，包括太陽能電廠融資投資與維運管理、保險經紀與油品事業等，全方位之專業化服務。

公司營運方面相當穩定，且積極滲透中國市場，獲利十分豐厚；但常常受中國經濟狀況影響，短線股價上下波動較大，長線

圖表 3-16　中租-KY（5871）股價圖

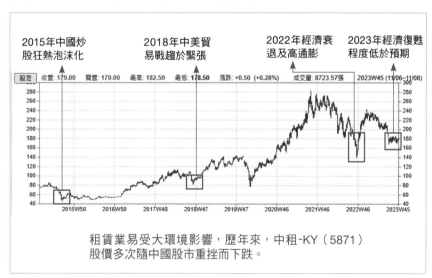

租賃業易受大環境影響，歷年來，中租-KY（5871）
股價多次隨中國股市重挫而下跌。

資料來源：台灣股市資訊網。

則仍跟隨獲利成長走勢。雖然租賃業承受風險相較銀行更高，但長期以來，中租-KY（5871）的滯延率（指客戶拖延還款，延滯率越高，表示拖延還錢的客戶越多）、備抵呆帳率均控制在穩定比率範圍，也就是公司呆帳風險在可控範圍內。

2022 年開始全球景氣明顯下滑，景氣不好時，中小企業沒有訂單、產能利用率低，當然就不會有租賃需求，再加上經濟嚴重衰退，客戶拖延還錢比例增加，延滯率明顯提升，使中租-KY（5871）股價跟著下跌。2023 年則由於中國市場的成長率低於預期，臺灣方面受升息影響，導致利差縮緊、利潤降低，僅有東協市場的目標成長率不變，因此股價表現未見好轉，來到近年的相對低檔。

和潤企業（6592）

和潤企業（6592）是和泰車（2207）集團旗下一員，在臺灣提供汽車及設備租賃分期付款服務，業務來源為和泰汽車（豐田〔Toyota〕、凌志〔Lexus〕臺灣總代理）、其他廠牌所屬區域經銷商及臺灣各品牌中古車商。其業務範圍涵蓋汽車與設備租賃業務、汽車分期買賣業務等。

由於和潤企業為臺灣和泰汽車及日本豐田財務服務合資持有的公司，汽車相關業務占比較高，核心業務聚焦在新車及中古車的分期服務，以和泰汽車旗下車款為最大宗業務。

裕融（9941）

　　裕融（9941）為裕隆（2201）集團的子公司，在臺灣、中國及菲律賓提供汽車分期付款及中古車貸款仲介，另外還包括設備租賃、綠色能源等業務。臺灣方面的事業體有裕融、格上等子公司，中國事業體則有格上租賃、裕融租賃及裕國融資租賃。

　　汽車放貸業務在臺灣及中國兩地，呈現相反的走勢，臺灣市場逐季提升，而中國市場則受疫情實施封控管制的影響，在2022 年出現下滑。（見下頁圖表 3-18）

　　租賃三雄近 5 年營收均穩定增長，即便是 2020 年受到疫情爆發影響，當時全球經濟陷入短暫停滯，但搭配近 5 年每股盈餘

圖表 3-17　和潤企業（6592）股價圖

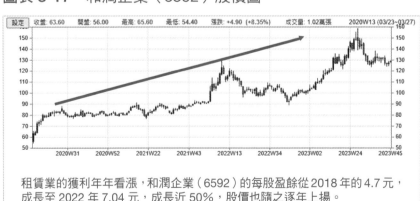

租賃業的獲利年年看漲，和潤企業（6592）的每股盈餘從 2018 年的 4.7 元，成長至 2022 年 7.04 元，成長近 50%，股價也隨之逐年上揚。

資料來源：台灣股市資訊網。

圖表 3-18　裕融（9941）股價圖

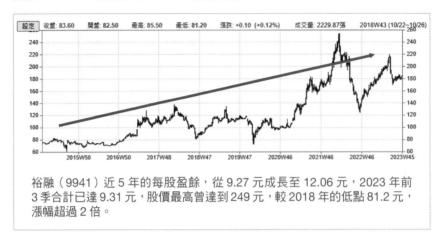

裕融（9941）近 5 年的每股盈餘，從 9.27 元成長至 12.06 元，2023 年前 3 季合計已達 9.31 元，股價最高曾達到 249 元，較 2018 年的低點 81.2 元，漲幅超過 2 倍。

資料來源：台灣股市資訊網。

來看，3 檔的獲利表現仍優於不少企業。

　　其中中租-KY（5871）於 2018 年率先賺進一個股本，後續每年每股盈餘均維持超過兩位數的表現；裕融（9941）則是 2021 年達到每股盈餘大於 10 元績效。租賃三雄的高獲利，也帶動股價一路攀高。

　　毛利率方面，以中租-KY（5871）平均 7 成的水準，略優於和潤企業（6592）及裕融（9941）的 6 成，不過即使三雄的獲利狀況不一，長期財務數據實屬穩定，代表公司營運及控管方面得宜，皆屬於穩健成長股，故老牛建議可以採「12～16 倍本益比」來估價。

圖表 3-20　租賃三雄近 8 季毛利率

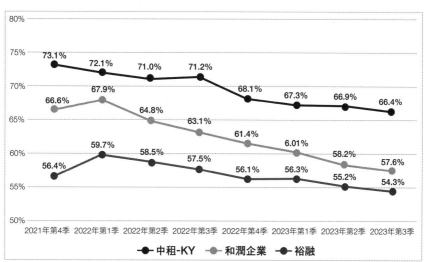

圖表 3-19　租賃三雄近 5 年每股盈餘

年度	中租 -KY（5871）	和潤企業（6592）	裕融（9941）
2018 年	10.37 元	4.7 元	9.27 元
2019 年	11.65 元	5.81 元	9.12 元
2020 年	12.2 元	5.01 元	8.85 元
2021 年	14.8 元	6.1 元	12.96 元
2022 年	17.17 元	7.04 元	12.06 元

本章重點

1. 臺灣的金融業受到金管單位的審查跟規範，壞處是金融業務限制很多，但好處是能提升經營穩定度及安全度，這是不少投資人優先選擇金融股的原因之一，老牛也會在股價回落時，搭配經營概況一併分析，尋找逢低加碼的機會。

2. 金融股特性不盡相同，在大到不能倒的前提下，其實也有自己的循環週期，記得做好存股配置，將核心持股及衛星配置的比例控制好，才能在風險控制的前提下，提升獲利空間！

3. 整體而言，租賃業屬於金融業旗下一環，租賃業務涵蓋車用、設備、不動產等，多元融資靈活運用資金的特性，與一般銀行純放貸業務有別，彌補了部分新創企業或中小企業對資金需求的缺口。雖然風險較一般銀行高，但仍能帶來穩定的收入，從歷年數據上可以確認，獲利能力較一般金融股來得強勁。

4. 由於租賃業以自有資金為主，相較銀行資金運用彈性更高，加上本業專注融資租貸業務，投資人須特別關注滯延率及備抵呆帳這兩大指標，採取長期投資較能化解風險。

第 4 章

耐得住與耐不住，差別在哪？

➤ **公司價值是數學，市場價格卻是心理學** ◄

我們可以用加減乘除算出一家公司的價值，

可是市場上的價格卻是一門心理學，

上漲時，股價反映在價值前面；下跌時，價值會幫忙穩住價格。

存股變套牢，錯在心太軟

近年的大多頭，讓部分投資人剛入股市，就在極短時間內取得不錯的報酬，而導致過度自信，輕忽了長期投資的潛力。自信不是壞事，但自滿和自傲就可能引發風險，多頭市場容易讓人盲目追求熱門股、過度使用槓桿，常見的結果便是不堪鉅額虧損而離開股市，非常可惜。

我一直堅信長期投資是一種令人著迷的投資策略，只要調整好心態，自然能做到抱緊處理中的「處理」二字訣：上下震盪時處變不驚，不敗在情緒，能理智的調整投資組合。因此我自己的做法，便是長期持有兩種股票：高殖利率股及趨勢成長股，並且它們在我的股票組合中實現了奇妙的平衡。

然而不少投資人在剛開始存股時，看到股市下跌，就開始憂心忡忡，最後耐不住內心煎熬，出手停損，又在股市回升後發現停損只換來一場空。存股首重堅持，而堅持絕對是一種本事，下面老牛便來教會大家，如何以 4 大步驟強化自己的存股心態，做到堅持到底！

長短期投資帳戶分離，存股目標才清楚

投資股票最忌長短期投資分不清楚，很多人一開始買股是打算短期賺價差，結果在不慎被套牢時就改口，將該檔股票轉為長期投資，在沒有認清長短期投資的選股方向不一樣之下，這樣任意轉換的下場就是住進套房。要避免這種窘境，除了在股價反轉時要果斷出清，另一個要點便是做好「核心持股」與「衛星配置」的投資組合。

核心持股的主要目的在於創造穩健的現金流，也就是穩定領取股息，屬於長期投資，持股標的以防守為出發點，像是 ETF、金控股及高殖利率股。而衛星配置則是瞄準高成長、高報酬的成長股，以波段交易賺取價差，其持股標的以攻擊為出發點。

建議大家將核心持股和衛星配置的標的分開管理，較好的做

圖表 4-1　核心持股與衛星配置

類別	核心持股	衛星配置
特性	穩定配息	獲利成長
波動度	偏低	較高
投資目的	領息為主，價差為輔	價差為主，領息為輔
投資標的	ETF、金控股、高殖利率股	步步高升股
投資模式	長期投資	波段交易

法是分別在兩個不同的券商開立下單帳戶，這樣匯款時也比較不
會搞混。透過長短帳戶分離，不但可以更清晰的定義自己的投資
目標，風險承受度評估也會更準確，才不會發生原本計畫波段操
作，一被套牢就改成存股，結果越套越慘的悲劇。

熱門股消風快、波動大，最好避開

　　長期投資存股，為的是穩定領取股利，因此選股目標應是穩
健獲利的公司，而非市場上最熱門的股票。大家可以發現，老牛
的私藏定存股名單中，大多是成交量相對不高，甚至是較偏冷門
的個股。

　　營收穩定的公司，通常具備良好的基本面及現金流入，且
營運可靠，不怕股災來襲，有長期增值的潛力。熱門股票則通常
會有大量的媒體關注，和融資融券賺取快錢的投機資金，因此存
在高風險和高波動性，投資人若沒有嚴格按照策略操作，很容易
就被市場消息帶著走，而發生虧損。例如當市場過熱時，熱門股
已經被吹捧得太過火，一旦露出馬腳，股價因此消風或甚至泡沫
化，若是此時沒有迅速反應、賣出了結，之前存下的獲利很可能
全數又吐了出去。

　　這類型熱門股現象，從口罩股恆大（1325）、航運股長榮
（2603）、疫苗股高端疫苗（6547）都能看出，飆漲只是短期，
股價最終仍會回到價值線上。

圖表 4-2　恆大（1325）股價圖

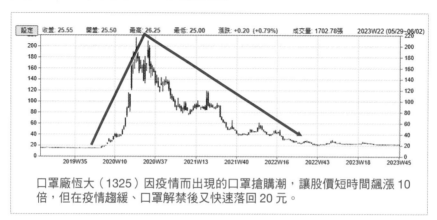

口罩廠恆大（1325）因疫情而出現的口罩搶購潮，讓股價短時間飆漲 10 倍，但在疫情趨緩、口罩解禁後又快速落回 20 元。

資料來源：台灣股市資訊網。

圖表 4-3　高端疫苗（6547）股價圖

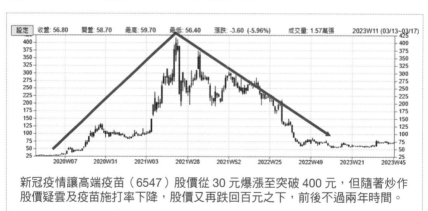

新冠疫情讓高端疫苗（6547）股價從 30 元爆漲至突破 400 元，但隨著炒作股價疑雲及疫苗施打率下降，股價又再跌回百元之下，前後不過兩年時間。

資料來源：台灣股市資訊網。

其中，股價長年位在 20 元上下的恆大（1325），因為疫情而出現的口罩搶購潮，短時間內急速飆漲，最高價來到 216 元，

但在疫情趨緩、口罩解禁後便又落回 20 元。（見左頁圖表 4-2）
另一檔高端疫苗（6547）由於投入新冠疫苗開發，股價從 2020
年初 30 元左右的位階，上漲至百元，2021 年 5 月更再飆破 400
元，但隨著疫情脫離高峰期及疫苗施打率下降，股價又再跌回百
元之下，距離起漲不過兩年時間。（見左頁圖表 4-3）

買進務必先估價，安全邊際夠大才出手

選好投資標的之後，下一步便是對標的進行估價，以確保在
買進前具備足夠的「安全邊際」（Margin of Safety）。

所謂安全邊際，是由「價值投資之父」班傑明・葛拉漢
（Benjamin Graham）提出的理論，即是找出公司內在價值與市
場外在價格之間的差距，當內在價值大於外在價格，就表示已有
足夠的安全邊際，這筆投資才值得出手買進。

安全邊際越提升，風險自然跟著越降低，也代表獲利也會越
豐碩，而估價就是在了解投資一檔標的的風險和機會，避免高估
或低估了標的的價值，而買在太貴的價位，或是期待不切實際的
低價。

刪掉看盤軟體，安心抱緊等獲利

一旦投資了有著穩健財務數據與良好管理團隊的公司後，就

可以安心抱著股票等待公司成長獲利，這是股東真正該做的事，對於那些短期市場的情緒或媒體炒作，都不需要過於關注，基本上就可以「刪掉看盤 App」。

因為相對於熱門股票，定存股的股價通常較為穩定，出現震盪的機率低、幅度也小，股東不用像一般散戶每天看盤追蹤波動，然後被市場情緒影響，時刻想著該獲利了結還是趕快認賠賣出，只要每季確認一次，公司一直走在正常的營運軌道上就好，除非發生了預期之外的風險，不然無須進行調整。

無論市場是熊還是牛，心態都是投資成功的關鍵。學會如何處理市場波動、保持冷靜、堅守自己的投資計畫，就能避免做錯決定、買錯股票。尤其是長期投資者，面對大起大落的盤勢，要把戰線拉長，不用急著在 5 天、10 天內就定勝負，只需要堅定意志，執行長期投資計畫。

② 價值股領配息，成長股賺未來

　　不同的投資策略，有各自的特點、風險和回報。雖然我選擇投資高殖利率股與步步高升股都是為了存股，但兩者因為特性不同，買賣策略便有所不同，了解它們之間的差異，才能找到最適合自己的投資方式。

　　高殖利率股也可視為價值股，獲利維持長年穩定，股價相對平穩，因此通常看重股息的配發表現。當股價被低估，也就是低於應有的價值時，適合左側交易（即是價值型投資，越跌越買，詳細說明請見第 5 章第 1 節）的逆勢操作。

　　投資價值股的目的，是透過選定營運穩定的優質公司，不用花費大量時間與精力來盯盤研究，就可以享受高於銀行定存利率的回報，符合一般認為的存股概念。不過價值股的報酬率相對較差，而且股價反應較市場慢上許多，很考驗一般投資人的耐心。

　　步步高升股是獲利擁有高成長潛力的股票，多半被賦予較高的期待值，也帶動股價增長的機會，通常市場給予的本益比較高。不過高成長伴隨高風險，上下波動比投資人的心跳還急促，並且配息少或根本不配息，適合右側交易（即是上漲時抱緊，下

圖表 4-4　高殖利率股與步步高升股的差異

類別	高殖利率股	步步高升股
定義	價值相對被低估	具有成長潛力
投資重點	看重公司基本面	看重公司未來前景
價格	低於實際價值	高於實際價值
報酬率	回報較慢	高回報
風險性	相對穩定	波動較大
股息	通常有穩定股息	配息少或不配息
存股目的	作為核心持股， 以領取穩定股息為目標。	作為衛星配置， 以放大獲利空間為目標。

跌時快跑的順勢而為操作，詳細說明請見第 5 章第 1 節）的順勢操作。

　　不少投資夥伴喜歡問老牛，成長股沒發什麼股利，甚至是不發股息，為何近年開始存成長股？我的答案是，成長股著重在未來趨勢前景，具備成長潛力，當公司盈餘翻倍提升時，股價也會有較大的上漲空間。

　　對於長期投資來說，我也建議眼光要放遠，一定要布局成長股，只要押對兩、三檔優秀的標的，就能夠放大投資部位的獲利空間，提升投資報酬率，像是台積電（2330）及中租 -KY（5871），就是盈餘翻倍的成長股。

高股利是耐心留在市場的獎勵

投資價值股，「時間」是我們最好的朋友，不要讓短期波動威脅長期目標。然而從存股風氣開始盛行到今天，我卻觀察到，耐得住性子的人並不多，大多總是不小心就被漲停板的熱門股給吸走注意力，或是當股市下跌時，看著自己的虧損金額默默按下賣出。

我的高中同學就是一個耐不住的典型例子，他在 2008 年發生金融風暴，股市急遽下跌時急忙認賠殺出，轉而將資金全部存入銀行，從此不再進入股市。這個決策在當時可能看似保險，但也錯過了後來多頭行情所帶來的巨大收益，損失長達 15 年的獲利良機。

有句投資諺語是這樣說的：「存股最好的時間是 10 年前，第二好的時間就是現在。」意思是投資越早開始越好，累積的時間越長，勝率越高。雖然投資世界充滿風險，但也蘊含著巨大的機會，過分害怕虧損，會使我們錯失那些寶貴的投資時機。不少投資人和我的高中同學一樣，擔憂金融市場的波動，但這也是我們實現財富增長的機會。

想要安心度過空頭市場中，高股利便是最好的防護盾，在股市下跌時仍然穩定領取股利，現金流不會斷炊，當回到多頭時，再繼續享受價差與股息兩頭賺，把所領取的高股利，當成是留在市場的鼓勵，才能避開人性的弱點。

圖表 4-5 台股連續配發現金股利統計（單位：檔）

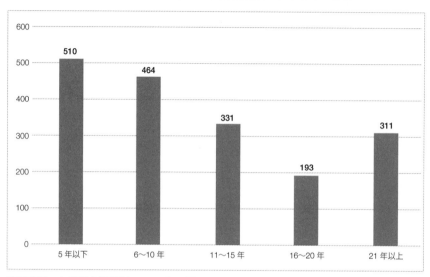

資料來源：台灣股市資訊網，2023 年 7 月。

從圖表 4-5 可以看到，在台股一千八百多檔當中，有超過一半的公司，即便是碰上空頭來襲，仍能連續配出股利，並且有高達三百多家公司，連續配發現金股利超過 20 年，像是統一（1216）、英業達（2356）、中華電（2412）、台汽電（8926）、聯強（2347）。

以產業來看，除了大家熟悉的金融股之外，還有不少民生必需股也配發現金股利超過 15 年，像是雞肉大廠大成（1210）及卜蜂（1215）、廚衛設備的櫻花（9911）及汽車大廠和泰車（2207），配息也都十分穩定，表示就算是獲利大幅下滑，然而憑藉著過去積累下來的財富，都能安然度過金融風暴。

　　至於怎樣才算是高股息股？有評估標準嗎？我們可以從臺灣證券交易所的數據看到，臺灣整體大盤的殖利率約 3.89％（統計至 2023 年 10 月 31 日），因此若標的殖利率是 4％ 的話，那就與大盤的殖利率差不多。為了要與大盤拉開距離，我會設定至少 5％ 以上，才算是合格的「高」股息殖利率。

　　可能很多人也發現到，每當有個股出現高於 6％ 以上的殖利率，便會在市場中造成熱議，甚至讓不少投資人競相追逐買進，使得股價上漲，殖利率接著就會下滑，回到一般水準的 5％ 左右。因此，必須拉長觀察期間，例如近 5 年的平均殖利率維持 6％ 以上，才認定它是高股息股。例如增你強（3028）、華固（2548）、漢科（3402）、國眾（5410）等，都是老牛私藏定存股名單中的 6％ 高殖利率股。

3 超高殖利率能買嗎？營收與填息時間決定

每年 3 月，個股會開始陸續公布當年的股利金額，投資人能夠依照目前的股價，推算出殖利率數據，如果大於 6% 以上，就像吃了定心丸，安心覺得真是存對了。但如果殖利率高達 40%，大家反而會遲疑，想買又不敢買，就像 2023 年時的長榮（2603）。

2023 年 3 月 14 日，長榮（2603）公布 2022 年全年營收、獲利均創歷史新高，稅後淨利大賺 3,342.01 億元，每股稅後盈餘 87.07 元。並且將配發每股 70 元的現金股利，對照當時股價 171 元，現金股利殖利率高達 40.9%。

新聞一出市場一片譁然，我也收到不少網友的訊息，想了解長榮是否可以買進，有沒有機會即領股息又賺價差？我給出的 3 點建議是：

1. 避開景氣循環股

我在前文提到過，景氣循環股並不適合存股，因為這些公司淡旺季分明，股利配發相對不穩定，會大幅影響存股效益。

　　長榮為航運股，與水泥、鋼鐵等傳產都屬於景氣循環股，其中鋼鐵股中鋼（2002），也出現過殖利率突然飆高的情況。中鋼（2002）2021 年的稅後淨利高達 621 億元，衝上歷史新高，2022 年配發現金股利 3.1 元，殖利率將近 10%，比過去 10 年平均殖利率 2.9% 的 3 倍還多。但 2022 年下半年景氣逆轉，營收隨之大幅下滑，第 4 季甚至落入虧損，2023 年現金股利便僅配發 1 元，殖利率 3.49%，掉回以往的水準。

2. 不合理的高殖利率

　　當市場上幾乎都是 5% 左右的殖利率時，突然出現高達 40% 是相當可疑的，應該提高警覺。長榮（2603）近 10 年來，有 5 年未配發股利，其餘 5 年中，2015 年及 2018 年也僅發出 0.1 元

圖表 4-6　長榮（2603）股價圖

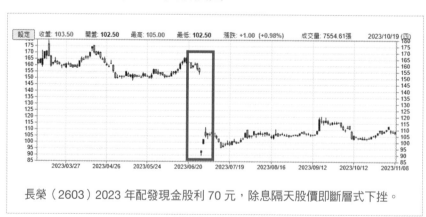

長榮（2603）2023 年配發現金股利 70 元，除息隔天股價即斷層式下挫。

資料來源：台灣股市資訊網。

及 0.2 元，會在 2023 年突增至 70 元，合理推測，是因 2022 年稅後淨利達到歷史新高 3,342 億元所致，反觀 2023 年至第 3 季為止，稅後淨利只有 320 億元，須小心超高殖利率表現只是曇花一現。（見左頁圖表 4-6、下頁圖表 4-7）

3. 能否順利填息

當發放的股利越多，就得要更努力填息，長榮（2603）的獲利在進入 2023 年後開始逐步下滑，並不利於股價上漲填息，從除息至今（2023 年 10 月 25 日），填息步伐連一半都尚未達到，難以預估最終須花費多少時日才能完成填息。

相對於長榮所屬的航運股，營建類股也是景氣循環股，但獲利變化較小，填息狀況也就穩定得多。以老牛的私藏名單之一冠德（2520）為例，近 5 年的股利表現多半在 4% 上下，填息時間約一、兩天完成。2021 年起，殖利率開始變高，2022 年達到 7.96%，並且花了 158 天才完成填息；2023 年殖利率仍有 5.67%，不過獲利狀況穩定，填息時間也回復為 3 天。

因此，下回再看到殖利率爆增時，記得仔細檢視個股營收及填息狀況，近 5 年的營收平均成長 10% 才算表現較佳，而填息則以近 5 年填息率 8 成以上為評估標準，也就是 5 年中有 4 年都有完成填息即可。雖然普遍認為填息速度越快越好，不過那只代表公司在市場上的期待比較高；但是反過來說，填息速度慢對投資人會更有利，因為可以在股價相對便宜時加碼買進。

圖表 4-7　長榮（2603）近 10 年現金股利數據

發放年度	現金股利	年均殖利率	稅後淨利
2023 年	70 元	52%	320 億元（截至前 3 季）
2022 年	18 元	13.6%	3,342 億元
2021 年	2.487 元	2.44%	2,390 億元
2020 年	0 元	0%	244 億元
2019 年	0 元	0%	1.13 億元
2018 年	0.2 元	1.43%	2.94 億元
2017 年	0 元	0%	70.1 億元
2016 年	0 元	0%	−66.1 億元
2015 年	0.1 元	0.57%	−44.1 億元
2014 年	0 元	0%	11.6 億元

資料來源：台灣股市資訊網。

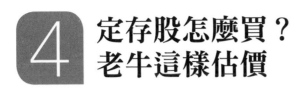

定存股怎麼買？
老牛這樣估價

　　了解價值股與成長股的特性與投資策略後，接下來就是學會如何估價，找到可以買進的時機。

高殖利率股，以平均現金股利估價

　　價值股的主要獲利在於股息，且投資原則是在股價低於應有價值時「越跌越買進」，因此可以用「近 5 年的平均現金股利」為基準，估算出便宜價、合理價及昂貴價，算法如下：

　　便宜價＝近 5 年的平均現金股利×16
　　合理價＝近 5 年的平均現金股利×20
　　昂貴價＝近 5 年的平均現金股利×32

　　也就是說在便宜價買進時，每年平均可領超過 6% 殖利率，所以非常划算；在合理價買進，每年平均可領 5% 殖利率，算是合情合理；在昂貴價買進，每年平均只能領到約 3% 的殖利率，CP 值就不夠高了。

老牛以 3 檔個股示範，試算看看價位是否可以買進。

華固（2548）股價 93.2 元（2023 年 11 月 10 日），近 5 年的平均現金股利為 6.9 元，便宜價、合理價及昂貴價分別為：

便宜價＝6.9 元×16＝110.4 元

合理價＝6.9 元×20＝138 元

昂貴價＝6.9 元×32＝220.8 元

93.2 元明顯低於便宜價，可視為「便宜價」位階，可以放心出手加碼。

矽格（6257）股價 60.2 元（2023 年 11 月 10 日），近 5 年的平均現金股利為 3.09 元，便宜價、合理價及昂貴價分別為：

便宜價＝3.09 元×16＝49.5 元

合理價＝3.09 元×20＝61.8 元

昂貴價＝3.09 元×32＝98.9 元

計算結果可見股價僅略低於合理價，屬於「合理偏低」位階，仍可把握機會買進。

聯強（2347）股價 68.9 元（2023 年 11 月 10 日），近 5 年的平均現金股利為 3.28 元，便宜價、合理價及昂貴價分別為：

便宜價＝3.28 元×16＝52.5 元

合理價＝3.28 元×20＝65.6 元

昂貴價＝3.28 元×32＝105 元

68.9 元的價位已經高出合理價，表示價格已經偏高，不適合再進場了。

以老牛的經驗來說，平均現金股利法較適用於連續 10 年以上穩定配息的公司，並且盈餘配息率高於 7 成以上。不變的原則是，記得買進的位階越低，越能左領股利、右賺價差！

步步高升股要看本益比河流

成長股代表市場中的潛力明星，營收與股價未來增長的機會及幅度都很大，要在營收大幅成長前買進，可以用「本益比河流圖」走勢快速了解公司的基本面，從中找到合理買賣的區間，買在相對安全又便宜的股價位階。在前一本書《股海老牛最新抱緊股名單，殖利率上看 8%》中，老牛已經和大家分享過本益比河流的概念，現在再來複習一次。

本益比河流圖是用不同的本益比倍數，畫出與股價的關係，「好的」本益比河流圖，整體河流是穩定向上的走勢，代表基本面持續增強，盈餘逐步上升且體質良好。（見下頁圖表 4-8）

而「壞的」價值河流圖，即是整體河流持續向下，代表基本面持續衰退，盈餘不斷下滑。股價若是貼著低本益比走，就是典型的「價值陷阱」，讓你誤認為是便宜價。（見下頁圖表 4-9）

　　一般來說，本益比越高代表潛在報酬較低，股價被市場高估；本益比越低代表潛在報酬較大，股價被市場低估。我認為本益比區間沒有絕對答案，但一般而言，可以簡單分成 4 個區域：

　　穩健獲利：區間為 8 倍～12 倍

圖表 4-8　「好的」本益比河流圖

價值成長：走勢向上

資料來源：台灣股市資訊網。

圖表 4-9　「壞的」本益比河流圖

價值陷阱：走勢向下

資料來源：台灣股市資訊網。

獲利成長：區間為 12 倍～16 倍

產業龍頭：區間為 16 倍～20 倍

前景極佳：區間為 20 倍～24 倍

建議買在穩健獲利的 8 倍至 12 倍區間，是相對安全的位階，這樣下跌時跌幅有限，上漲時漲幅也比較大。

老牛以專業網通產品代工廠智易（3596）的股價來說明。智易（3596）受惠於近年各國推動 5G 頻寬的設備需求，加上美國總統喬‧拜登（Joe Biden）簽署的 420 億美元寬頻網路基建計畫，目標設定在 2030 年讓所有美國家庭都能快速上網，近 5 年（2018 年至 2022 年）每股盈餘從 4.61 元到 9.2 元，獲利成長幅度將近 1 倍，可視為獲利成長股。

以本益比區間來進行估價的話，老牛會認為智易（3596）的本益比應屬於 12 倍至 16 倍之間，也就是說當本益比 12 倍以下可視為便宜，超過 16 倍則視為昂貴，因此可以將中間值 14 倍視為合理價。經過下列換算，可以得出便宜價、合理價及昂貴價分別為：

便宜價＝9.2 元×12＝110.4 元

合理價＝9.2 元×14＝128.8 元

昂貴價＝9.2 元×16＝147.2 元

以目前 163 元（2023 年 12 月 1 日）的價位，已經遠高於昂貴價。

但是老牛要提醒大家，千萬別忘了 3 件重要的事情：首先，前面有提到，智易（3596）屬於獲利成長股，如果公司未來獲利持續成長，假設 2023 年的每股盈餘達到 11 元，再重新計算位階結果如下：

便宜價＝11 元×12＝132 元

合理價＝11 元×14＝154 元

昂貴價＝11 元×16＝176 元

如此一來以目前 163 元（2023 年 12 月 1 日）的價位，其實是略高於合理價，可視為「合理偏高」位階。

再來，如果你是投資新手，對於智易（3596）這家公司今年可以賺多少沒有概念，可以先手動估算看看。例如，由於 2022 年的每股盈餘為 9.2 元，假設年成長率 20%，就預估 2023 年的每股盈餘為 11.04 元（9.2 元×〔1＋20%〕），再用 11.04 元作為本益比區間估價的基礎。

第三件事情是，如果真的對公司未來可以賺多少沒有想法，老牛再教你一招每股盈餘的參考管道。不少法人會提出個股的研究報告，報告中會預估這家公司的獲利每股盈餘，參考法人研究報告中的預估值，也可以作為我們推算本益比估價的參考。

5　超低股價，是買點還是陷阱？

　　存股雖是風險最低的投資方式，但不代表可以輕忽市場變化，當公司的經營管理出現問題、財務或產業發生意外狀況等，輕則減損存股的效益，嚴重的可能股價從此一蹶不振，抱得再久也回不到最初的價值。

　　牛仔褲大廠如興（4414），在 2022 年 7 月緊急召開重大訊息說明會，在此之前公布的財務報表，就已經可以看出不少蛛絲馬跡，所以不少人已經猜到是財務出問題。果然當時的新任董事長及總經理翁紹華說明，如興面臨無資金可用的重大財務困境，新的經營團隊正與多家融資授信單位協商，提供後續資金及還款事宜，希望各家金融機構能夠支持他們度過這次難關。

　　當時也有記者詢問我對如興事件的看法，然而說真的，以如興成立 45 年、上市 18 年的老字號來說，我竟然對這家公司一點印象都沒有。後來我再查看資料，確定它的財務體質並不好，連年虧損，不過值得一提的是，原來 2020 年全臺搶購口罩時期，它也加入生產奈米口罩的行列，股價在短短 3 個月就翻了 1 倍，成為當時的熱門股之一，但即便如此，營運並未脫離逆境，仍在

虧損，所以當然不是我會碰的股票，難怪毫無印象。

獲利、股利、消息，3 步驟檢視地雷

發生財務危機的如興（4414）、投資反向 ETF 踩雷的三商壽（2867）、曾經是手機王者的宏達電（2498），現在來看都已成為時代的眼淚，但在尚未發生事故之前，誰又看得出未來會成為地雷？一般投資人該如何避開這些存股陷阱？在老牛提出掃雷 3 步驟之前，必須先談談「雞蛋水餃股」。

一般來說，股價低於 50 元以下的股票，會被稱為「銅板股」，但是對那些股價低於 10 元票面價格的股票，我們會給它另外一個名號：雞蛋水餃股。撇除股價小於 10 元的 ETF，台股中目前仍有 50 檔以上的雞蛋水餃股。

可憐之人必有可恨之處，雞蛋水餃股的股價會那麼低，絕對是有原因的。而在股市中，也有一群人喜歡炒作這種股票，畢竟股價低、股本小，很容易拉抬股價，吸引投機者的目光，因此常會看到雞蛋水餃股出現漲停，而散戶一看到漲停，就會興起貪念，下場就是落入下跌賠錢的悲慘陷阱。但要怎麼辨識？可以從獲利、股利、消息 3 方面檢視。

1. 是否持續賠錢

辨識一檔股價偏低的股票，究竟是真正價值股還是地雷，

圖表 4-10　如興（4414）近 10 年每股盈餘表現（單位：元）

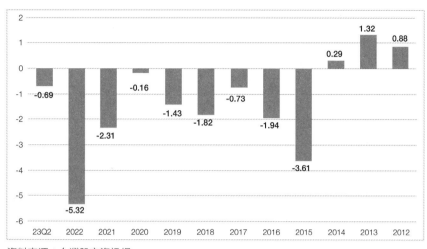

資料來源：台灣股市資訊網。

可以從公司盈餘與股價的相對關係開始檢視。由於股價會與盈餘狀況長期連動，賺錢的公司股價勢必逐步上漲，而不賺錢的公司股價也會長期陷入下跌趨勢，甚至可能跌破票面價。以如興（4414）來說，從 2015 年開始連續 8 年虧損，並且 2023 年第 3 季的每股盈餘仍是負值，股價自然跌不停。（見圖表 4-10）

　　雖說在 2020 年，如興（4414）因為口罩缺貨而一度受惠，不少人當時認為公司獲利出現轉機，但當年度結算還是出現虧損，從獲利能力來看，仍然是爛泥扶不上牆。

2. 能否發出現金股利

　　現金股利是老牛評估一家公司的重點之一。能夠發出現金股

利，代表公司現金充足、基本面穩健，當大盤不好時可依靠現金股利；而當獲利起飛，股價自然也會回復成長，投資人將既領股息，又賺價差，所以現金股利絕對是關鍵中的關鍵。

如興（4414）連續虧損8年，當然也就連續8年發不出股利；再看看另一檔雞蛋水餃股錸德（2349），連續19年發不出股利，稅後淨利也一直是負值，股價自然慘兮兮。（見右頁圖表4-11、4-12）

3. 是否負面消息不斷

負面消息有時也代表一家公司的危機，網路上可以發現不少「如興弊案」的內容，像是「如興前負責人陳仕修官司纏身，2018年因涉嫌特別背信等罪行被起訴」、「2015年玖地併購案中，使用詐術違法增資130.2億元，並造成如興損失3.7億餘元」等。如果一家公司的負面消息不少，特別是有關財務方面，代表公司治理肯定有問題，投資人要特別小心公司的誠信問題。

有句話說：「別等到下雨了才修屋頂。」就是提醒要未雨綢繆，這道理在股市也一樣，所有投資老師都強調「風險控管」的重要性，用老牛這3個簡單的步驟：獲利、股利、消息來檢視，就能做到最基礎的評估及控制風險，躲過存股陷阱。投資夥伴們可以用同樣的步驟，來檢視前面提到的三商壽（2867）及宏達電（2498），幫助自己更加熟練分析技巧。

圖表 4-11　如興（4414）股價圖

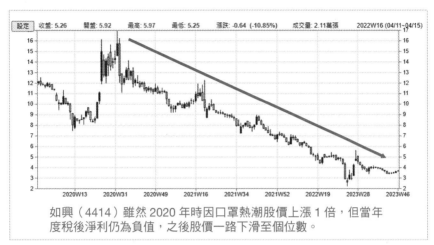

如興（4414）雖然 2020 年時因口罩熱潮股價上漲 1 倍，但當年度稅後淨利仍為負值，之後股價一路下滑至個位數。

資料來源：台灣股市資訊網。

圖表 4-12　錸德（2349）股價圖

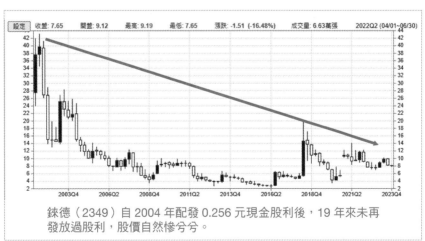

錸德（2349）自 2004 年配發 0.256 元現金股利後，19 年來未再發放過股利，股價自然慘兮兮。

資料來源：台灣股市資訊網。

本章重點

1. 獲利和財報是評估一檔股票價值的關鍵，且會直接影響股票價格。當公司宣布強勁的獲利報告時，它的股票價格通常會隨之上漲，因為投資者看好公司的前景；相反的，當公司報告虧損或財務困難時，股票價格可能下跌。

2. 進場前務必先估價，從公司過去的營運表現來推估合理的買進價格，估價方法有平均股利法、本益比河流圖，以及透過技術面的均線來輔助加減碼，可以透過實際案例來多加練習。

3. 當基本面穩健、內在價值高的公司，股價卻落入便宜價、甚至是跳樓價時，都是不錯的投資機會。而當外在價格尚未反映出真實內在價值時，例如價位僅在合理價或昂貴價時，只要安心抱緊緊就好。

4. 影響股價變動的因素很多，包括資產價值、衡量誤差及外部評價。所以估價法並非唯一參考，還須動態調整，例如在每年股利政策出爐後，調整平均股利法的數值；而在每季財報數據公布之後，公司的本益比也要跟著上下調整，再重新估價。

第 5 章

6 顆投資定心丸，
老牛助你抱緊處理

➤ **股災考驗的不是手頭上的股票，而是人心** ◄

股災時好公司不太會倒，投資人卻總是搞錯重點，
會為了帳面上的股價下跌而憂心。
只要我們做好準備，面對上下震盪也能安心抱緊！

左側交易越跌越買，右側交易順勢而為

　　如果是已有相當投資經驗的老手，相信對於近 5 年股市上下震盪相當有感。台股過往的指數波動多落在 10% 左右，但近 5 年的高低振幅都大於 20% 以上，尤其是 2020 年，先後碰上新冠疫情爆發及美國宣布量化寬鬆政策，股市從最低 8,523 點（2020 年 3 月 19 日）到 14,760 點（2020 年 12 月 31 日）的最高點，當年度上下振幅即高達 52%。

　　而在 2022 年碰上俄烏戰爭、通膨升息等政經因素影響下，股市再度落入熊市空頭，一路往下跌超過 4,000 點，不只是跌幅超過 20%，震盪幅度也將近 33%。抱持逢低買進的投資人只見一直被套牢，最後只好摸摸鼻子將看盤軟體刪掉。

　　投資市場是一個充滿風險的舞臺，其中蘊藏著無數的機會和挑戰。作為一位經驗豐富的投資人，老牛深刻體會，成功獲利並非一蹴而就，而是需要等待盤勢轉變的耐心，和選擇進出場時機的智慧。

　　還記得讀大學時有一部從幾米繪本改編的電影《向左走·向右走》（透漏年紀了），描繪在忙碌的都會中，單身的兩人從相

圖表 5-1　近 5 年台股加權指數表現

年度	開盤 點數	最高 點數	最低 點數	收盤 點數	漲跌 點數	漲跌幅	振幅
2019 年	9,725 點	12,125 點	9,319 點	11,997 點	2,269 點	23.3%	28.9%
2020 年	12,026 點	14,760 點	8,523 點	14,732 點	2,735 點	22.8%	52%
2021 年	14,720 點	18,291 點	14,720 點	18,218 點	3,486 點	23.7%	24.2%
2022 年	18,260 點	18,619 點	12,629 點	14,137 點	-4,081 點	-22.4%	32.9%
2023 年 （至 11 月底）	14,108 點	17,463 點	14,001 點	17,433 點	3,325 點	23.6%	24.5%

資料來源：台灣股市資訊網；資料彙整：股海老牛。

遇、找尋、錯失、分離到重逢等不同時期。在投資交易市場中，當我們尋覓到一檔投資標的時，也有著向左或向右的抉擇，也就是「左側交易」（Left Hand Side）和「右側交易」（Right Hand Side）的投資思維，一旦選錯邊，也會出現似有天使引領迎向勝利，和如同被惡魔擾亂心神的兩種結局。

所謂左側及右側交易，是指在市場中投資人所選擇的交易策略模式，大致上可以如此區分別：

左側交易：價值型投資（越跌越買）
右側交易：趨勢型投資（順勢而為）

左側與右側的區分，是以在指數跌至底部之前（從線圖來看

圖表 5-2　左側交易的低買高賣

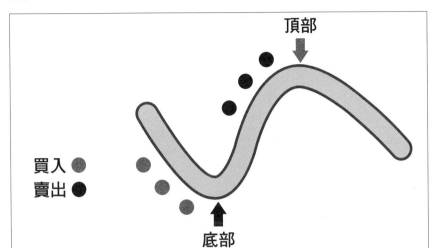

圖表 5-3　右側交易的低買高賣

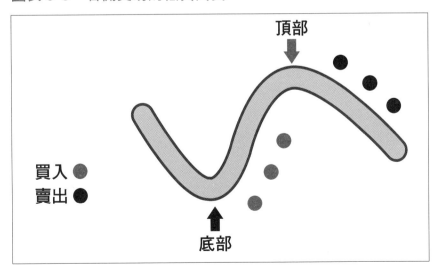

在底部的左邊）或是之後（底部的右邊）進場。在股價逐漸下滑時買進的左側交易者，偏向價值型投資，會選擇越跌越買。操作模式是，關注股價下跌時選擇分批買入，而當指數通過底部後，並且在上漲的頂部出現之前，選擇在漲勢中逐步賣出，藉此實現獲利。

而在股價開始從底部上揚時買進的右側交易者，則是偏向順勢進場的趨勢型投資，老牛對於這種操作模式的理解是：「上漲時抱的比別人緊，下跌時跑的比別人快。」也就是在看到底部出現後，股價轉為上漲趨勢時，才開始分批買入，而當指數通過頂部，無法再創新高，在出現下跌時才逐步賣出，以實現獲利。

「低買高賣」是股市中不敗的原則，無論是左側交易或右側交易，都真的可以賺到錢。但是！（最重要就是這個但是）也有失靈的時候。

策略失靈如何解套？停損、拉長投資時間

越跌越買的左側交易，失靈狀況即是「逢低攤平，越攤越貧」。比如，大盤整體走勢向下，投資標的也呈現下滑情形，此時左側交易就無法建立底部，即使是分批加碼買進，也不知道該攤到何年何月，更無法期待適合賣出的時間點，結果一路套牢到天荒地老。

例如食品股佳格（1227），過去是不少人存上數年的定存

股，但由於市場競爭激烈，造成佳格（1227）的營運獲利與財務
體質都出現衰退，每股盈餘在 2020 年時為 3.54 元，但 2022 年卻
僅有 1.34 元，獲利大幅下滑 6 成之多，因此在近 3 年間股價也出

圖表 5-4　左側交易策略失靈風險

圖表 5-5　佳格（1227）股價圖

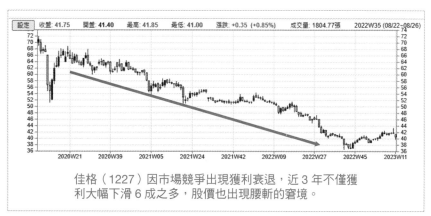

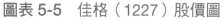

佳格（1227）因市場競爭出現獲利衰退，近 3 年不僅獲
利大幅下滑 6 成之多，股價也出現腰斬的窘境。

資料來源：台灣股市資訊網。

現腰斬的窘境。倘若採取左側交易的做法投資這檔標的，恐怕是越攤越平。（見第173頁圖表 5-5）

　　而這也符合老牛所述：要買就買價值成長股，尤其是當個股出現獲利衰退的警訊時，為了避免落入價值投資的陷阱中，除了不適合持續加碼，也必須得認真考慮停損賣出。

　　右側交易模式的失靈風險，會出現在投資標的處於盤整，造成過度交易的情況，就像是原本認為看到底部好似成型了開始買進，卻又立刻出現下跌拉回，於是趕緊再賣出。這種失靈狀況在近幾年非常明顯，大盤不僅時常陷入波動中，並且上下速度之快，投資人很容易被上沖下洗搞昏頭，無法取得獲利。

　　例如記憶體概念股旺宏（2337），由於進入庫存調整期，法人不看好後市，因此 2023 年的股價表現波動不大，股價僅在 30 元至 35 元之間波動，區間震盪亦無明顯趨勢。如果選擇這檔股

圖表 5-6　右側交易策略失靈風險

圖表 5-7　旺宏（2337）股價圖

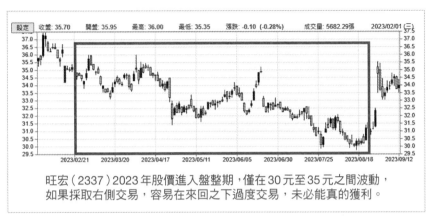

旺宏（2337）2023 年股價進入盤整期，僅在 30 元至 35 元之間波動，
如果採取右側交易，容易在來回之下過度交易，未必能真的獲利。

資料來源：台灣股市資訊網。

票來做右側交易，即會出現在來來回回之下過度交易，未必能真
的獲利。（見圖表 5-7）

　　股票在盤整時，由於一直無法拉出明確的底部和頂部，導致
右側交易者的進出次數過於頻繁。很多投資人會忘記，進場交易
要付出手續費跟交易稅，次數多便會吃掉原本的獲利，結果根本
沒賺到錢。所以右側交易者應要尋找波動幅度大的標的，老牛認
為最適合的就是趨勢成長股，或是拉長投資的時間。

　　再舉一個例子。原為中小型面板製造廠的永豐餘子公司元太
（8069），由於平面液晶顯示器的市場已進入成熟期，便轉入毛
利較高的電子紙製造領域。因應環保議題、客戶成本考量、展示
型態轉型等，電子紙應用日益提升，元太（8069）的年營收自
2019 年逐步轉強。

　　獲利方面因受惠專利金收入挹注，每股盈餘的成長幅度較為顯著；且由於電子紙材料的技術優勢，毛利率維持 40％ 以上的高標，在成本及研發費用等控制下，營益率、淨利率也有緩步提升的走勢。

　　電子紙產業以元太（8069）最具代表性，在公司積極轉型的利基下，成長第二春逐漸發酵，從逐年、逐季的獲利增長，以及研發提升的獨占護城河，就能看出跡象，因此股價也隨著市場炒熱而一路向上，從 20 元最高來到 255 元。在股價上漲的過程中，呈現「鋸齒狀」的波段漲勢，倘若透過技術線圖的幫助來進行右側交易，在底部出現時買進，在頂部出現後賣出，便可取得不小的獲利。（見圖表 5-8）

圖表 5-8　元太（8069）股價圖

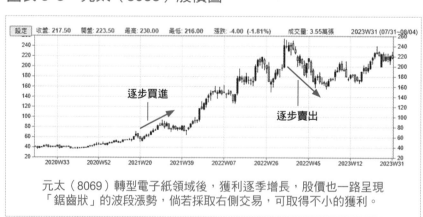

元太（8069）轉型電子紙領域後，獲利逐季增長，股價也一路呈現「鋸齒狀」的波段漲勢，倘若採取右側交易，可取得不小的獲利。

資料來源：台灣股市資訊網。

高殖利率股往左，步步高升股靠右

　　各種投資策略都沒有對錯，只有適不適合，左右兩種交易模式也一樣，並沒有誰好誰壞的分別，雖然股價走勢的底部和頂點位置有跡可循，但確切何時會出現？真的沒人知道。所以老牛想跟大家強調，這兩種策略各自有其優點，隨著投資人的自身條件、承受風險能力不同，執行下來就會有不同的結果，重要的是先了解策略失靈時的風險，才知道如何應對。

　　投資不需要選邊站，像老牛自己就是「混搭風」，對於長期投資的部位，例如高殖利率股或是市值型 ETF，當然是以左側交易模式為主；而處理趨勢成長股時，就搭配右側交易的順勢操作。只要投資標的是有獲利、且獲利持續成長的公司，無論是採取左側或是右側交易，抱緊處理就會獲利！

圖表 5-9　左側交易與右側交易比較

交易類型	左側交易	右側交易
投資態度	逆勢操作（價值投資）	順勢操作（趨勢投資）
操作時間	中長期持有	波段操作
投資態度	價值被低估	趨勢性較強
投資標的	內在價值高的公司、指數型 ETF	熱門題材夯的公司、主題型 ETF
操作技巧	無須設定明確交易時機， 採取分批買進及分批賣出。	交易時機非常重要， 常一次買進或一次賣出。

② 6 大止跌訊號，加強買進信心

　　2022 年台股走入空頭年，這一年裡空方消息確實較以往複雜，並且幾乎同時發生，從俄烏戰爭、油價瘋漲、再到通膨升息，大盤指數因此跌個不停，從年初的萬八一路回測到萬二，跌幅一度高達 30%。

　　也就是說，投資人這一年來買進的股票，幾乎都是帳面上虧損，不少人因此萌生放棄投資的念頭，連帶部分獲利成長、基本面穩健的公司，都不敵籌碼大舉抽離的影響。

　　市場是長期上漲的牛市，加上短期下跌的熊市所組成，可是面對空頭時期，大多數投資人的操作心態都會偏向保守或止損，藉以避開股災帶來的恐懼，但這就是以「投資情緒」來主導操作判斷，長期來看往往都是過於保守，反而錯過大賺的機會。

　　但身為小股民的我們，如何判斷空頭中的止跌訊號？老牛接下來要分享 6 大止跌訊號，每一種訊號的止跌效果不同，但如果同時出現數個訊號時，後續止跌的機率就非常高，可以把握機會逢低進場。

融資斷頭，停止空頭

市場是一位老師，會不斷的教育投資人，不少散戶喜歡開槓桿，以融資的方式買股票，在多頭期間這麼做，確實有較高機率賺錢。然而股市也流傳著一句名言：「融資不死，空頭不止。」

老牛小教室

融資

指投資人向證券公司借錢來購買股票或其他金融資產，並且會支付利息作為借款成本。如果交易成功並且獲利，投資人可以從中獲得報酬，但如果交易虧損，則須償還借款和利息給證券公司。

融券

指投資人向證券公司借來股票然後賣出，希望在未來股價下跌時，再以更低的價格買回股票歸還，從中賺取價差。不過如果股票價格上漲，投資人必須以更高的價格購回股票歸還，就會造成損失。

意指融資戶因為槓桿過大不堪虧損時，會不得不選擇賣出手中的股票，好讓融資快速減少，當槓桿維持不下去，無法補錢給券商時，就會造成「斷頭賣壓」發生。不過當融資賣壓被消化掉之後，也代表籌碼會逐漸穩定，反而有助於建立市場信心，首先會出現大盤跌深反彈，而後再止跌回升。

　　所以當股價下跌，並且融資一路減少，表示散戶正在砍出手中持股，這時大家可以靜待買進訊號，尤其是出現黃金交叉、均線翻揚等多方趨勢時，就可以逢低布局。

低檔爆量可止跌，搭配黃金交叉更好

　　當股價一路跌跌不休，散戶已經沒了信心，有些人因為對市場已經無感，而停止進出場，也有些人會出清手中持股，此時市場內的籌碼也相對乾淨許多。

　　但是主力對於這種局面，反倒有不同的看法，會認為股價已經來到相對低檔，而進場大買股票，此時可以看到成交量明顯放大，後續還伴隨利多行情，加上籌碼相對安定，股價便有機會逐步向上推升。

　　這個狀況可以從台股 2022 年下半年的市況看出。2021 年，台股大漲 3,486 點，全年成交量 95 兆元，相較前一年爆增 95%，日均量衝破 3,900 億元。但是 2022 年反轉爆跌 4,081 點，投資人信心全失，市場一片冷清，日均成交量下降至 2,421 億元，年減

圖表 5-10 低檔爆量搭配黃金交叉，止跌效果強

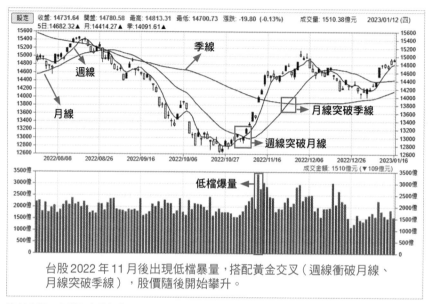

台股 2022 年 11 月後出現低檔暴量，搭配黃金交叉（週線衝破月線、月線突破季線），股價隨後開始攀升。

資料來源：台灣股市資訊網。

將近 4 成，最低單日甚至僅有 1,135 億元。

　　但我們可以從圖表 5-10 看到，2022 年 8 月至 10 月的成交量，大多維持在 1,300 億元至 1,800 億元的水準，可是在 11 月之後，單日成交量逐漸增加到 1,800 億元至 2,400 億元，甚至出現單日 3,000 億元以上，可見低檔爆量的止跌效果表現相當出色。

庫藏股，短期止跌有效

　　所謂庫藏股，是指企業從股市中買回自家股票，這麼做的目

的多半是為了**轉讓股票給員工、股權轉換**，或是維護股東權益等用途。由於「庫藏股」其實就像是企業的私房錢，當宣布執行庫藏股，代表公司勇於宣示 3 件事情：

1. 公司手頭資金充裕。

2. 看好公司未來發展。

3. 現在股價是被低估。

京城銀（2809）在 2020 年 3 月及 2022 年 7 月時，都有執行庫藏股買回，2020 年執行完成後，股價即從 25.25 元攀升至 39.6 元，2022 年買回庫藏股後，股價也小幅從 31.9 元拉升至 36.8 元，確實達到止跌作用。（見圖表 5-11）

所以老牛認為，庫藏股的確能夠在短期間內有效的激勵股

圖表 5-11　執行庫藏股能在短期發揮止跌作用

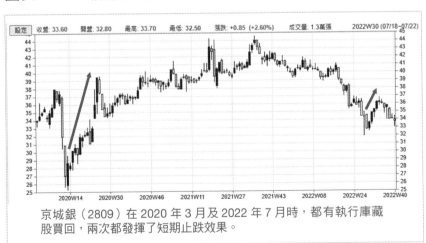

京城銀（2809）在 2020 年 3 月及 2022 年 7 月時，都有執行庫藏股買回，兩次都發揮了短期止跌效果。

資料來源：台灣股市資訊網。

價，是一個重要的短期止跌訊號。以過去的經驗來看，由庫藏股產生的止跌效果，大多反映在「相對底部」，再加上庫藏股並非萬靈丹，如果從中長期來看，能發揮多大的止跌效果，關鍵還是在於公司能否提升獲利，產生對股價實際的強力支撐。

此外，用庫藏股止跌不是每一次都有效，電商網家（8044）即是一例。2021 年 3 月至 5 月，網家（8044）實施庫藏股，同時期因為新冠疫情讓電商需求激增，業績大幅成長，基本面的加持讓股價自 5 月開始發酵，從 77.4 元的低點上漲至 157.5 元，漲勢長達半年。2022 年 5 月網家（8044）在股價落到 66.4 元時再次實施庫藏股，然而這次遭遇電商產業競爭激烈，營收持續衰退，股

圖表 5-12　網家（8044）股價圖

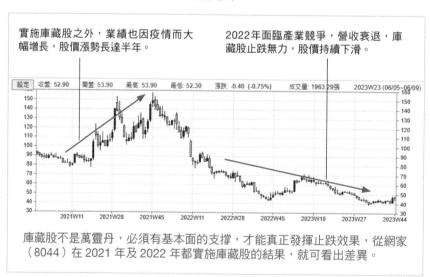

庫藏股不是萬靈丹，必須有基本面的支撐，才能真正發揮止跌效果，從網家（8044）在 2021 年及 2022 年都實施庫藏股的結果，就可看出差異。

資料來源：台灣股市資訊網。

價未如預期起漲，反而持續下滑至 10 月才小幅回升。（見左頁圖表 5-12）

　　另一個較特殊的狀況則是，公司為了拉抬股價而申請執行庫藏股，但最後實際買回的比例太低，或甚至一張都沒有買回，開發金（2883）就發生過這種情形。

　　開發金（2883）在 2020 年時股價最低落到只有 6.9 元，因此在 3 月時申請執行庫藏股，然而至 5 月分執行時間結束時，卻一張股票都沒有買回，執行比例為零。雖然公司提出的原因是，股價從 3 月下旬即逐漸回漲，已無執行庫藏股的必要，但對於信

圖表 5-13　開發金（2883）庫藏股執行資訊

公司代號：2883			
公司名稱：開發金			
已發行股份總數（股）：14,968,438,026			
買回股份目的：維護公司信用及股東權益			
公司申報買回資料	A.買回股份總金額上限(元)：19,071,801,742		
	B.預定買回期間	開始日期：109/03/19	
		結束日期：109/05/18	
	C.預定買回數量(股)：150,000,000		
	D.買回區間價格(元)	最高：10.00	
		最低：7.60	
本次實際買回股份期間：無			
買回本公司股份執行結果：期間屆滿未執行完畢			
本次未執行完畢之原因：考量執行期間本公司股價逐漸回穩，基於維護股東權益及資金效益，故本次買回庫藏股未予執行。			
本次已買回股數(股)：0			

　　開發金（2883）預定於 2020 年 3 月 19 日至 5 月 18 日期間，以 7.6 元至 10 元股價區間買回 15 萬張股，但最後 1 張都沒有買回。

資料來源：公開資訊觀測站。

圖表 5-14　開發金（2883）股價圖

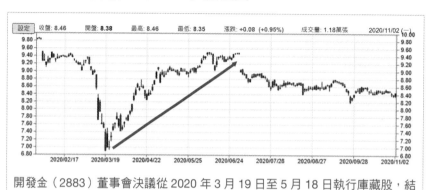

開發金（2883）董事會決議從 2020 年 3 月 19 日至 5 月 18 日執行庫藏股，結果股價兩天後便開始反彈，因此最後一張都沒有買回，但也出現了誠信問題。

資料來源：台灣股市資訊網。

圖表 5-15　庫藏股執行結果查詢說明

進入公開資訊觀測站「庫藏股資訊專區」下的「期間屆滿（執行完畢）公告事項查詢」網頁（https://mops.twse.com.tw/mops/web/t35sb01_q3），輸入公司代號或名稱，點按「查詢」，下方即會列出該公司歷年所有庫藏股列表。以查詢開發金（2883）在 2020 年 3 月分執行庫藏股為例，點按該次的「詳細資料」，即會彈出新視窗，顯示該次庫藏股的執行結果。

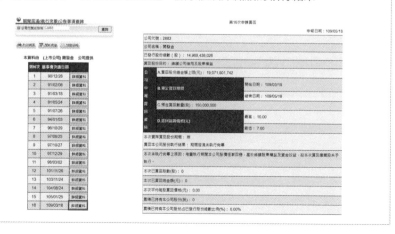

任公司而隨之買進的投資人來說，已產生誠信疑慮的問題。

碗型底部成型，利空局面結束

　　股市裡有句話：「打底百日，做頭一日。」這句話的意思是，股市在面臨利空時，通常需要反覆經過時間與利空的來回震盪，才會回到利多的局面。這段漫長的「打底」時間，會把耐心不足的散戶洗出場，只留下有信心的投資人，當股市不再破底，並且形成一個如碗型的底部後，就將是迎來反轉的時機。

　　投入股市這麼多年來，老牛觀察到「下跌像把銳利的刀」，如果在下跌時一路接刀（買進），就會接到滿手都是血，而且心理壓力很大。所以在空頭期間，老牛會盡量避開下跌時買進，會

圖表 5-16　台股大盤走勢圖

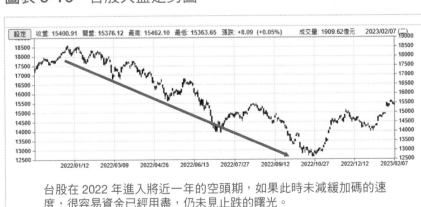

台股在 2022 年進入將近一年的空頭期，如果此時未減緩加碼的速度，很容易資金已經用盡，仍未見止跌的曙光。

資料來源：台灣股市資訊網。

等待後續走勢相對明朗，出現底部的支撐時，再來找機會揀便宜。此外，老牛還要建議，在空頭期間一定要拉大加碼的步伐，才能避免空頭延續的時間太久，加碼的子彈都已經打光了，還沒有看見止跌的曙光出現。

盤整後出現長紅 K，買方開始進場布局

既然是趨勢，就不可能僅在一天形成，在空頭下跌趨勢下，投資人千萬別有著「盤勢會有一日之內出現反轉」的錯誤期待，耐心等待一天天、一點點的慢慢化解下跌賣壓，並且蓄積反攻的能量，時間才是最好的解藥。

這時可以注意，若當日盤勢開低走高，並且高低點相差百點以上，等同是在技術面上拉出一根「紅色小尾巴」的訊號，代表多方力道進場開始布局。只要後續搭配長紅棒持續向上，就有機會止跌回升。

我們從大盤的角度來說明，2022 年是台股經歷空頭的一年，從最高的 18,619 點持續下殺，直到 10 月底，才來到當年度的最低點 12,629 點。雖然 2022 年結束時台股已經回到 14,137 點，但投資人仍然驚魂未定。

由於國際上利空因素影響，在 2023 年 1 月 3 日那天，剛開盤就下跌 29 點，而後再往下探至 14,001 點，但是盤中開始向上拉抬，當日最終收紅上漲 86 點，符合老牛所說的高低點相差百

點以上，並且在技術面上拉出一根紅色小尾巴。後續也搭配著長紅棒支撐，大盤就此止跌回升，甚至是在半年後，回到萬七寶座。（見圖表 5-17）

　　紅色小尾巴不只能應用在大盤，在個股看到紅色小尾巴出現時，也有強力的止跌效果。我們實際以聯發科（2454）為例，在 2023 年上半年時，股價已從前一年的 533 元最低點脫離，在 650 元至 750 元的區間來回震盪。7 月 21 日當天開盤後股價一路下殺，但在盤中卻有強大的神祕力量支撐，從最低點 652 元往上突破 677 元的開盤價，最終收在 682 元。即使當天股價仍是下跌，之後的一個月依舊來回震盪，但已經逐漸脫離低點，甚至在 11 月時迎來 900 元的高價，波段報酬率高達 3 成以上。（見下頁圖表 5-18）

圖表 5-17　台股大盤走勢圖

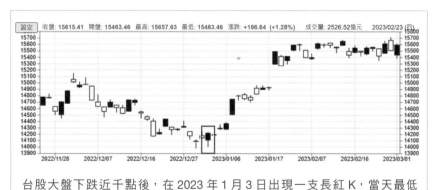

台股大盤下跌近千點後，在 2023 年 1 月 3 日出現一支長紅 K，當天最低 14,001.97 點，最高 14,237.94 點，相差兩百多點，拉出一根長長的「小尾巴」。

資料來源：台灣股市資訊網。

圖表 5-18　聯發科（2454）股價圖

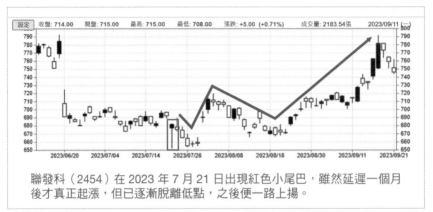

聯發科（2454）在 2023 年 7 月 21 日出現紅色小尾巴，雖然延遲一個月後才真正起漲，但已逐漸脫離低點，之後便一路上揚。

資料來源：台灣股市資訊網。

　　但老牛要再次重申，出現這種「V 型反轉」的機率不高，所以不要期待看見一根紅色小尾巴之後，股市就會從此風和日麗，一路上漲。由於這時市場整體的信心仍不足，期間還是會有來回震盪的波動，尤其是近幾年漲跌數百點的情況越發常見，投資人更需要有足夠的耐心，等待股價多頭翻揚來臨。

止跌特效藥：國安基金

　　終止市場頹勢最後、也是最有效的防線，就是那隻隱形的手：5,000 億元的國安基金。國安基金全名是「國家金融安定基金」，是由政府在 2000 年時所設立，隸屬於行政院，用意是在安定國內金融市場，因此當面臨國際重大事件，市場信心潰堤

時，國安基金即會進場護盤。

截至 2023 年為止，國安基金總共進場 8 次，進場時機大多是市場處於相對低點，而不久之後就會出現止跌回穩。但事實上國安基金進場時間點主要有兩個關鍵：股市跌至 10 年線及下跌幅度超過 20％。所以，是否真正動用到國安基金，很多時候政府只是放出風聲而已。就像電影中的英雄們遭遇險境，都要等到逼不得已時，才會亮出必殺技。（國安基金詳細說明見下一節）

資產不是一夜建成的，而是一筆一筆積累的，真正能在股市中累積財富的人，幾乎都是採取價值型投資，並且總能克服心理因素，用數據作為判別進出場的依據。就像股神巴菲特總是在股市空頭時大買，別人的恐懼就是他貪婪的泉源。既然過去的經驗只能當做參考，沒人能保證市場未來的走向，那麼老牛認為在空頭時抓住 6 大止跌訊號就好，把每天看盤的時間拿來持續學習，投資自己才是無價。

③ 國安基金一出手，市場一直向前走？

　　老牛在前一節說過，國安基金是 6 大止跌訊號中效果最強的一個訊號，這一節就讓我們深入認識國安基金怎麼護盤，目前的戰績如何。

只輸掉第 1 場，之後連莊 7 把

　　國安基金可運用的資金總額為新臺幣 5,000 億元，所謂進場護盤，即是用它來買股票。自成立以來，國安基金總共進場 8 次，每次護盤的天數不一定，短則只有幾天，長則將近一年，其中只有 2000 年第一次啟動時是虧損，後來 7 次全部都是獲利出場，投資報酬率最高的達到 218%，最少則是 6%。

　　老牛要提醒一下，國安基金進場後，並非護盤期間每天都買進股票，投資人也不會知道其買進了哪些標的，最主要的功能還是提供整體市場信心而已，從 2020 年的護盤就能看出，當時國安基金只投入了 7.57 億元而已，但當年度股市就沿路噴發上去，最終拉出了一條長長的紅色小尾巴。（見下頁圖表 5-19）

圖表 5-19　國安基金 8 次護盤數據整理

次數	啟動時間及護盤天數	進場台股指數	事件	投入金額	績效	投資報酬率
第 1 次	2000 年 3 月 15 日 5 天	8,682 點	第一次政黨輪替	542 億元	-500 億元	-92.25%
第 2 次	2000 年 10 月 2 日 43 天	5,805 點	網路泡沫化	1,227 億元	226 億元	18.42%
第 3 次	2004 年 5 月 19 日 12 天	6,359 點	319 搶擊案	16 億元	35 億元	218.75%
第 4 次	2008 年 9 月 19 日 90 天	5,641 點	金融海嘯	600 億元	319.23 億元	53.21%
第 5 次	2011 年 12 月 20 日 120 天	6,966 點	歐債危機	424 億元	37.01 億元	8.73%
第 6 次	2015 年 8 月 25 日 232 天	7,675 點	亞洲股市暴跌	196.58 億元	12.11 億元	6.16%
第 7 次	2020 年 3 月 19 日 207 天	8,681 點	新冠肺炎爆發	7.57 億元	2.58 億元	34.1%
第 8 次	2022 年 7 月 12 日 275 天	13,950 點	升息通膨	545 億元	91 億元	16.7%

圖表 5-20　2020 年國安基金第 7 次護盤的台股走勢

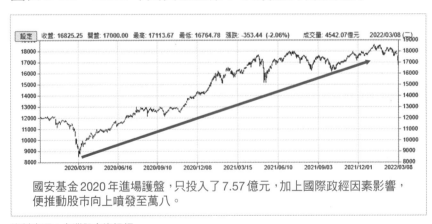

國安基金 2020 年進場護盤，只投入了 7.57 億元，加上國際政經因素影響，便推動股市向上噴發至萬八。

資料來源：台灣股市資訊網。

國安基金進場，幾乎都在相對低點

　　每當國安基金進場的消息一出，市場上就會出現亂七八糟的討論，尤其是負面言論很多，例如「護盤根本害死更多人吧」、「傻子才在這裡買」這種粗暴言論。2020 年新冠肺炎時，一樣很多人唱衰國安基金，但後來的結果大家都看到了，國安基金仍然保持連勝紀錄。

　　所以投資千萬別被市場雜音給影響，也就是別管外界的言論如何，老牛還是以數據來出發，把歷年進場的點位畫出來，就可以看得很清楚。以長線來說，國安基金進場的位置，幾乎都是在相對低點！

　　至於國安基金進場都買些什麼？也不是祕密，以最近一次

圖表 5-21　國安基金 8 次進場台股位階

資料來源：台灣股市資訊網。

在 2020 年護盤為例，總共買了 19 檔股票，包含台泥、統一、台塑、南亞、台化、台達電、鴻海、台積電、廣達、可成、彰銀、華南金、富邦金、國泰金、玉山金、元大金、兆豐金、中信金、第一金。簡單來說，國安基金進場為的就是穩定指數，所以買進的都是能將指數撐住的「權值股」。

國安基金能有 7 連勝的紀錄，主因是進場時機都在相對低點，且國安基金也不是特效藥，下跌趨勢並不會在短期間內就改變，主要作用是進場點火，發揮穩定市場、激勵投資人信心，以及降低市場恐慌情緒的效果，最終還是要看國際股市表現，整體經濟動能是否有推升上去，這一點投資人切記。

最後老牛還是要多嘮叨一句，補上警語，投資千萬別過度樂觀，即使是國安基金進場護盤，也不是馬上就會上漲。如果對於盤勢長期處於低檔感覺不安，可以採用定期定額進場，而老牛自己當然是搭配右側交易的做法，隨著走勢回穩逐步進場加碼。

4 存股獲利第 3 招：
出借股票

　　存股族的主要獲利方式，通常是配息配股搭配價差買賣，但老牛在這兩者之外還多做了一件事，讓自己的投資報酬率更上一層樓，那就是「出借股票」，讓手中持股幫忙每月收利息。

　　我先簡單說明這 3 種獲利方式的要點：配息配股是公司將盈餘分配給股東所配出的股利，存股族每年被動等待獲利後，將這些配息再投入個股中，不斷重覆之下，會產生龐大的複利效果；價差買賣是透過低買高賣的方式，長則以年、短則以月為單位，賺取價差以獲得利潤；出借股票也稱為借券，是透過券商出借手中持股，收取利息，等於是在活化閒置資產，只要成功出借，月月都能被動加薪。

　　目前有不少券商，包括元大證券、凱基證券、富邦證券等，都有提供出借股票的服務，老牛習慣一買進股票後，會立刻拿 1%～2% 來出借，目前每個月都能幫自己加薪 2,000 元至 3,000 元不等，這也是我每個月不無小補的獲利來源之一，用來支付水、電、瓦斯費用也相當充裕。

　　借券並非新興的股票操作模式，但真正使用的人不多，所以

大多數的投資人還不太清楚到底是怎麼一回事，下面老牛幫大家分析出借股票的特性：

1. 出借人無須賣出股票，但可以自己決定出借利率，只要成功借出去，就能在出借期間賺取利息，而且因為股票的所有權仍在自己手中，所以一樣可領取公司配發的股利。

2. 出借人可隨時要求召回借出去的股票，但實際召回到自己手中，仍需要 1 天至 3 天的時間，若在股票出借期間發生突發的利空事件，就有可能錯失脫手的時機。

3. 冷門股不易出借成功。

4. 已經借出去的股票無法領取股東會紀念品。

至於最重要的出借收入，計算方式如下：

出借利息收入＝（出借股數×出借費率×昨日收盤價×出借天數÷365）×（1 － 券商手續費）

我舉個實例算給大家看：

假設我今天借出 5 張台積電（2330），其昨日收盤價 542 元，出借利率設定為 3％，券商在 100 天後還券，券商手續費率為 20％，總共可以獲得借券收入為 17,819 元。計算如下：

（5,000 股×3%×542 元×100 天÷365）×（1—20%）
＝17,819 元

此外，掌握幾個關鍵還能增加出借的成功率，包括：

1. 借券市場中也有熱門與冷門之分，熱門股的交易熱絡，出借成功機率相對較高。

2. 市場看空及波動較大時，投機客想做空，或是套利空間大，就會積極借券。

3. 借券是透過券商媒合配對，通常利率較低者會優先出借。老牛建議，一般股票可設定在 1%，熱門股可設定 1% 以上，而金融股及 ETF 則在 1% 以下。

4. 在外流通股數低者，較容易出借成功。

祝大家都能順利出借成功！

配股好還是配息好？

　　長期投資最期待的時刻，就是個股檢視年度盈餘之後，與股東們分享獲利果實，也就是配股配息。台股中有不少好公司都能發出高額股利回饋給投資人，老牛目前的存股績效，就已達成年領 60 萬元股利的里程碑，並且繼續往百萬股利前進！

　　在市場多半只討論現金股利的配發狀況時，也有不少人會思考，到底是領股利好，還是領股票比較好？老牛就趁著這次機會再跟大家說明，配股與配息的意義，並且透過例子說明，該如何掌握除權息行情。

配股，公司未來營運樂觀

　　所謂配股即是配發股票，又有人稱之為「生股子」，簡單來說就是發給股東更多股數。若公司短期內有投資、擴增需求，現金使用量大，在換算盈餘成為股利之後，多半會選擇發放股票股利給投資人，雖然公司股本會因此變大，需要賺取更多的獲利才能維持前一年度的水準，但這也代表經營者對於公司未來營運相

對樂觀。

以老牛喜歡的金融股合庫金（5880）為例，已經連續12年同時配發現金股利和股票股利，代表管理團隊認為公司需要保留盈餘，繼續將錢投入營運當中，然而從長線數據也可以看到，公司的獲利確實持續增長，並沒有一般人所說的「股本變大，獲利跟不上」的問題。

圖表 5-22　合庫金（5880）近 5 年股利及獲利資訊

年度	現金股利	股票股利	每股盈餘
2019 年	0.75 元	0.3 元	1.24 元
2020 年	0.85 元	0.3 元	1.33 元
2021 年	0.85 元	0.2 元	1.24 元
2022 年	1 元	0.3 元	1.51 元
2023 年	0.5 元	0.5 元	1.45 元

資料來源：台灣股市資訊網。

配息，獲利穩定，可以長線投資

配息又稱領股息，公司將獲利盈餘轉換成現金股利配發給股東，簡單的說就是領現金，因為股東所持有的股數沒有改變，所以並不會讓股東的報酬增加或減少。選擇配息較多的公司，一部分原因是公司目前不需要現金用於資本支出、擴張或是研發支

出，尤其常見於產業進入穩定期的個股；另一部分原因則是為了迎合投資人喜好，配發現金股利更有獲利入袋的實質感受。

　　值得注意的是，近幾年配息趨勢逐漸改變，有些公司已調整成半年配或甚至季配息，包含光寶科（2301）、台積電（2330）、義隆（2458）、聯發科（2454）等。老牛認為，**調整成半年配或季配息的公司，具有長線投資價值**。為何我敢這樣背書？因為配息頻率變高，代表公司現金充沛，且配息制度完善，再加上獲利穩定，才能夠調整配息方式。

　　以台積電（2330）為例，從 2019 年改採每季配息後，到 2023 年第 3 季發放股息，幾乎每次皆能在一、兩天就順利完成

圖表 5-23　台積電（2330）近 8 次現金股利發放

發放季度	除息交易日	填息花費日數	現金股利（元）
2022 年第 1 季	3 月 16 日	1 天	2.75 元
2022 年第 2 季	6 月 16 日	1 天	2.75 元
2022 年第 3 季	9 月 15 日	1 天	2.75 元
2022 年第 4 季	12 月 15 日	1 天	2.75 元
2023 年第 1 季	3 月 16 日	1 天	2.75 元
2023 年第 2 季	6 月 15 日	1 天	2.75 元
2023 年第 3 季	9 月 14 日	1 天	3 元
2023 年第 4 季	12 月 14 日	1 天	3 元

資料來源：台灣股市資訊網。

填息，最長填息時間則為 15 個交易日。此外令人高興的是，股利越發越多，在經過連續 8 季每股配發 2.75 元現金股利之後，決議再提高現金股利的金額，在 2023 年 9 月之後，每股配發現金股利 3 元。在本書出版前，台積電（2330）再次調高股利至 3.5 元，也就是說，2024 年至少可以年領 14 元股利，令股東們更加開心了。

　　如果能將配發下來的現金股利再投入市場，其實不論是配股還是配息，都符合股神巴菲特所提出的「雪球理論」，這個理論告訴我們一個很重要的觀念，那就是：投資就像滾雪球，越早開始滾動（時間），雪量（投資報酬率）越大。

　　而投資的過程應該是長期而穩定的，就像將雪球用力推上陡峭的山坡，一開始可能速度不快，但隨著時間的推移，雪球會越滾越大，獲得的動能也越大，滾動的速度也會越快。只要做好投資策略規畫，堅定長期投資的意念，讓利潤滾雪球，盈餘及股利最終都會回饋到我們身上。

6　零股投資，步步跨入高股價

　　台積電（2330）、緯創（3231）、聯發科（2454）……熱門股票的股價動輒破百元，對於社會新鮮人及小資族來說，只能望之卻步，而零股投資便是跨入門檻的好選擇。

　　在台股中，1 張股票的單位為 1,000 股，當買賣股票的數量少於 1,000 股，包括從 1 股到 999 股，都稱為零股。零股交易分成盤中及盤後零股交易兩種，盤中的零股交易，從開盤後的 10 分鐘開始撮合，是每 1 分鐘撮合 1 次，直到收盤為止，換言之，在一整個交易日中，有 260 次撮合的機會；而盤後零股交易則是僅在收盤後撮合 1 次。至於買賣時所需的費用，則是和整張股票

圖表 5-24　盤中及盤後零股交易差異

交易機制	盤中零股	盤後零股
交易股數	1 ～ 999 股	1 ～ 999 股
交易時間	9:00 ～ 13:30	13:40 ～ 14:30
撮合方式	9:10 開始，每 1 分鐘 1 次	14:30 才會集中撮合 1 次
備註	不得融資融券及當沖	

交易相同，都是以買賣金額的0.1425%收取手續費，及0.3%的證券交易稅。

另外需注意一點，盤中零股交易的掛單方式，限制為ROD（Rest of Day），也就是「當日有效」的意思，這代表只要掛單出去，當天就會一直嘗試撮合，且會拆分成幾次成交（例如掛單買進500股，結果分成200股、200股、100股，共3次成交，或最後僅成交300股），直到整張單交易完成，或是到當天收盤結束。如果反悔，當然也可以修改掛單量，或是直接取消下單。

投資零股的主要有4大好處：

1. **分散資金降低風險。** 控管資金是長期投資很重要的一環，採用零股投資，可避免一次投入過多資金，當急需用錢時，不須面對賣股換現金的抉擇窘境。

2. **分批布局避免套牢。** 把一筆資金分成好幾份，分散到不同的產業或公司，或是用小錢布局多種績優股，可以分散被套牢的風險。

3. **高額股利勝過定存。** 與其把錢放在銀行賺取微薄的利息，倒不如投資穩健成長的公司，除了能賺取長期價差，存股期間也能領股利讓錢滾錢。

4. **超值紀念品領不停。** 零股股東也能領取股東紀念品，不少公司每年推出的紀念品都是大熱門，包括大魯閣（1432）與王品（2727）的消費抵用券，及開發金（2883）曾送出故宮彩繪碗，

高質感很受投資人歡迎。像老牛則是看上中鋼（2002）的精美紀念品，而持有一張中鋼（2002）的股票，單是每年領紀念品就值得了。

在小資族每月可分配資金有限的情況下，零股交易可以逐步達成投資存股的目標，除了降低投資門檻外，因為不用整張買進，也有分散風險的效果，而且不只有個股，ETF 也能透過零股交易，若是再搭配定期定額策略，可以快速累積資產，更是小資族必懂的交易方式。

圖表 5-25　台股前 10 大熱門零股投資標的
　　　　　（統計至 2023 年 5 月止）

排序	個股名稱（代號）	ETF 名稱（代號）
1	台積電（2330）	元大台灣 50（0050）
2	玉山金（2884）	國泰永續高股息（00878）
3	兆豐金（2886）	元大高股息（0056）
4	合庫金（5880）	富邦台 50（006208）
5	第一金（2892）	元大台灣高息低波（00713）
6	中華電（2412）	富邦公司治理（00692）
7	富邦金（2881）	國泰台灣 5G+（00881）
8	台泥（1101）	富邦越南（00885）
9	中信金（2891）	元大臺灣 ESG 永續（00850）
10	鴻海（2317）	國泰智能電動車（00893）

┌─ 老牛小教室 ─────────────────────────

定期定額買 ETF 零股報酬率試算

　　以定期定買進 ETF 零股，累積資產的成效到底能有多高？可以在 MoneyDJ 理財網（https://www.moneydj.com/etf/x/tool/tool0001.xdjhtm）上試算，下面以每月投入 5,000 元，持續 10 年買進元大台灣 50（0050）為例：

　　(1) 標的選擇元大台灣 50（0050）。

　　(2) 贖回日設定為試算當天，範例為 2023 年 11 月 1 日；開始扣款日以贖回日回推 10 年，範例為 2013 年 10 月 31 日。

　　(3) 扣款日設定為每月 1 日。

　　(4) 每次扣款金額設定為新臺幣 5,000 元。

　　(5) 股利設定再投資。

　　(6) 手續費依 ETF 交易規定設定為買賣均收。

　　(7) 手續費率依規定設定為 0.1425%。

　　(8) 點選試算。

　　試算結果為：10 年之後累計投資金額為 60.5 萬元，期間可以領到 16 萬 421 元的股利，最終資產為 106.5 萬元，投資報酬率為 75.40%，年化報酬率為 5.78%。

ETF 定期定額報酬率試算

① 標的代碼：　[0050.TW]　　元大台灣卓越50基金

　　開始扣款日：　[2013/10/31]
　　　　　　　　　　　　②
　　贖回日：　[2023/11/01]

③ 每月扣款日：　[　　　　　　1]

　　每次扣款金額：　[　　　5000] [台幣 ▾] ④

　　（以最新報價可買到39.86股）

⑤ 股利是否再投資：　◉ 是　○ 否

　　手續費收費方式：　○ 無　○ 前收　○ 後收　◉ 買賣均收 ⑥

⑦ 手續費率：　[　0.1425]% 或 [　　　　0]元

⑧ [試算]

ETF 定期定額報酬率試算結果

投資標的：	0050.TW
每月投資金額：	5,000 台幣
投資時間：	2013/11/01 - 2023/11/01
累積投資金額：	605,000 台幣
股利金額：	160,421 台幣
總持有股數：	8,750.5090 股
手續費支出：	2,380 台幣
總投資成本：	607,380 台幣
資產終值：	1,065,374 台幣
損益金額：	457,994 台幣
總報酬率：	75.40%
年化報酬率：	5.78%

MoneyDJ 理財網
試算 QR Code

資料來源：MoneyDJ 理財網。

本章重點

1. 當空頭來襲時，不只是 6 大止跌信號可以增強投資人信心，只要能不斷精進自己，培養對於市場趨勢的掌握程度，就能判斷出適合進場的時機。

2. 存抱緊股是老牛投資股市的重要策略，除了利用步步高升股的價值增長賺取價差，加上領取高殖利率股的穩定配息，還有一招便是將股票出借給其他投資人，賺取出借費用，3 種方法並行，增加存股獲利。

3. 配股與配息都是公司與股東分享獲利果實，若將現金股利再投入市場，也會產生與配股一樣的滾雪球效果，再回饋更多的盈餘及股利在我們身上。

後記
人生複利，富麗人生

「回不去了……。」曾經是電視劇中讓觀眾深有共鳴的臺詞，如今也犀利的發生在我們真實生活周遭，因為彷彿聽到物價也在說：「我回不去了。」

面對萬物皆漲，老牛深刻覺得，「不理財，比理財本身還危險」。過去臺灣錢淹腳目的年代，當時的時空背景是經濟高度成長的榮景，銀行定存利率少說也 5% 起跳，基本上只要把錢放在銀行裡，就能對抗通膨。

然而時至今日，臺灣達到已開發階段，經濟成長逐漸放緩，銀行利率也不再優渥，要維持以往相同的生活水準，我們該做的不是勉強自己晚餐少吃一顆滷蛋，而是善用理財工具，幫助對抗通膨。

複利是對抗通膨最好的武器，而價值投資最能展現複利的力量。投資長年獲利穩定的好公司，每年穩定領取股息，再將所獲得的股利再次投入，讓總投資成本遞減，總報酬將隨著時間加速，就是複利的威力。若公司自身的獲利連年成長，不僅配息金額有機會增加，股價也將隨之增長，這樣除了坐領複利，還能達到「左手賺股利、右手賺價差」的雙贏效果。

至於面對 2024 年，無論整個投資市場，甚至這個世界如何變化，老牛都以下列 3 點建議投資人：

1. 建立觀察清單，深入了解標的特性

台股目前有超過 1,700 檔個股，再加上近年來 ETF 不斷推陳出新，即使是再用功的老牛，都無法全數了解透徹，更遑論一般的投資人。所以老牛建議，從自己熟悉或有興趣的投資標的切入，可以**先建立一份 10 檔至 20 檔的觀察清單**，深入了解這些標的的基本資訊，包括財報獲利、股利發放等。

等到已經充分掌握標的特性後，就能預測未來的成長潛力並考量風險，最後制定出專屬自己的投資策略。隨著能力的拓展，這份觀察清單還可以動態調整或擴展，像老牛目前就建立了金融股、私藏定存股及高股息 ETF 等觀察清單，以應對不斷變化的市場環境。

2. 做好估價，耐心等待位階來臨

成功的投資不僅需要選擇正確的標的，還需要在正確的價格位階進場。老牛在本書中對於不同的投資標的，提出了幾項估價法，不同的估價方式所考慮的因素不同，並沒有哪一種是完美無缺的，建議大家採用自己熟悉的方法估價就好，最重要的是，價格必須確保具有足夠的安全邊際，與長期增長的潛力。

3. 分散投資組合，定期檢視績效

分散投資是降低風險的重要手段，只要做好投資組合，就能決定9成的投資績效，這也是老牛在本書中納入ETF的重要原因之一。

要在上千檔個股中選定組合標的不容易，建議投資夥伴們，依照自己的個性與需求決定是較好的做法，例如保守型的朋友，可以選擇ETF、金融股作為主要的持股；穩健型的人則以高股息為目標；積極型的投資人就可以鎖定電子、AI（人工智慧）等趨勢成長股。

而投資最重要的一步，就是務必定期檢視投資組合。近幾年的金融市場波動劇烈，政治、經濟與政策的改變，都可能影響不同類型資產的表現。為了確保符合長期投資目標，投資人一定要定期檢視投資組合，再進行必要的調整，確實做到抱緊處理中的「處理」心法。

最後，老牛認為近幾年市場變化非常快，難免出現投資風險，透過有效的風險管理措施可以降低危機，而持續學習就是控制風險的一個重要面向，無論是新手小白，還是經驗豐富的老將，都需要隨時提升自己對於金融市場、投資工具和風險管理策略的理解，才能在市場上存活到最後。

老牛所秉持的投資原則「精選好股便宜買，安心抱緊穩穩賺」，最終目的是讓投資成為生活的一部分，而非全部，這樣才

能將大部分的時間留給心愛的家人或重要的人生目標上。獲利的本質，是讓自己的人生富足美麗，與各位投資夥伴們共勉。

附錄
股海老牛最新抱緊處理名單

　　我常被問到，「現在可以買哪種股票？」、「現在的股價算便宜嗎？」顯示出一般投資人不知道買什麼，以及該如何評估價格。所以我以年年獲利、穩健配息及高殖利率這 3 項條件，整理了 50 檔「老牛私藏抱緊名單」，並針對其中獲利比較穩健的 30 檔個股，詳細列出營運獲利績效、股價及股利表現等資料，提供大家作為參考。

　　這份清單不僅提供了投資研究方向，還有助於制定明智的投資策略，如果你手上完全沒有任何觀察股清單的話，建議可以從這份抱緊名單開始研究。

　　除了上述 3 個關鍵篩選條件之外，大家在訂定觀察名單時，老牛也建議尋找成立年數較長的公司，至少上市 10 年以上，因為它們通常具備度過金融風暴等市場逆境的能力，也經得起時間的考驗，能夠維持較為穩健的獲利和股利發放。此外，也要提醒投資夥伴們，務必熟悉公司的產業和營運狀況，以及高層管理團隊的能力等重要因素，洞察一家公司的內在價值，才是真正的價值投資。

股海老牛私藏股名單（個股依代號排列，非推薦順序）

序號	個股名稱（代號）	產業別	股價
1	大成（1210）	食品工業	55.8 元
2	卜蜂（1215）	食品工業	95.8 元
3	統一（1216）	食品工業	74.3 元
4	聯華（1229）	食品工業	68.4 元
5	光寶科（2301）	電腦及周邊設備業	108 元
6	仁寶（2324）	電腦及周邊設備業	30.35 元
7	台積電（2330）	半導體業	579 元
8	聯強（2347）	電子通路業	68.2 元
9	佳世達（2352）	電腦及周邊設備業	44.65 元
10	英業達（2356）	電腦及周邊設備業	41.95 元
11	技嘉（2376）	電腦及周邊設備業	246 元
12	微星（2377）	電腦及周邊設備業	185 元
13	中華電（2412）	通信網路業	120 元
14	精技（2414）	電子通路業	33.65 元
15	超豐（2441）	半導體業	60.4 元
16	京元電子（2449）	半導體業	82.8 元
17	聯發科（2454）	半導體業	947 元
18	義隆（2458）	半導體業	151 元
19	敦陽科（2480）	資訊服務業	126 元
20	冠德（2520）	建材營造業	37.85 元
21	興富發（2542）	建材營造業	40.8 元
22	根基（2546）	建材營造業	74.6 元
23	華固（2548）	建材營造業	94.8 元
24	京城銀（2809）	銀行業	39.85 元
25	富邦金（2881）	金控業	63.8 元

本益比	近 4 季每股盈餘	2022 年 ROE	現金股利連配次數
12.7	4.39 元	10.1%	25 次
13.9	6.89 元	17.1%	17 次
21.9	3.4 元	14.2%	25 次
27.1	2.52 元	8.81%	28 次
16.5	6.54 元	18.3%	23 次
19	1.6 元	6.86%	25 次
16.8	34.54 元	39.6%	20 次
15.02	4.54 元	23.2%	25 次
30	1.49 元	16.5%	9 次
27.1	1.55 元	10.5%	24 次
33.2	7.42 元	17.8%	24 次
21.3	8.69 元	20.9%	23 次
25.16	4.77 元	9.68%	26 次
14.82	2.27 元	13.5%	20 次
18.7	3.23 元	15.1%	22 次
17.5	4.72 元	19.4%	13 次
21.5	44.01 元	27.1%	23 次
26.6	5.68 元	19.7%	25 次
17.05	7.39 元	23.9%	23 次
9.39	4.03 元	15.1%	17 次
15.3	2.67 元	8.24%	19 次
7.72	9.66 元	27.2%	17 次
12.8	7.41 元	15.6%	23 次
7.89	5.05 元	4.84%	11 次
28.23	2.26 元	6.15%	14 次

（接下頁）

序號	個股名稱（代號）	產業別	股價	
26	玉山金（2884）	金控業	25.25 元	
27	神基（3005）	電腦及周邊設備業	105 元	
28	聯陽（3014）	半導體業	159.5 元	
29	增你強（3028）	電子通路業	33.45 元	
30	零壹（3029）	資訊服務業	66.2 元	
31	晶技（3042）	電子零組件業	101.5 元	
32	台灣大（3045）	通信網路業	99.2 元	
33	緯創（3231）	電腦及周邊設備業	92.8 元	
34	漢科（3402）	其他電子業	69.9 元	
35	智易（3596）	通信網路業	163 元	
36	大聯大（3702）	電子通路業	73.3 元	
37	崇友（4506）	電機機械	78.8 元	
38	遠傳（4904）	通信網路業	82 元	
39	世界（5347）	半導體業	78.9 元	
40	中租-KY（5871）	其他業	182.5 元	
41	合庫金（5880）	金控業	26.55 元	
42	關貿（6183）	資訊服務業	67.9 元	
43	帆宣（6196）	其他電子業	134 元	
44	力成（6239）	半導體業	115 元	
45	矽格（6257）	半導體業	65.8 元	
46	普萊德（6263）	通信網路業	128 元	
47	致新（8081）	半導體業	270 元	
48	至上（8112）	電子通路業	55.9 元	
49	台汽電（8926）	油電燃氣業	40.35 元	
50	櫻花（9911）	居家生活	68 元	

註：股價日期為 2023 年 12 月 1 日。

本益比	近 4 季每股盈餘	2022 年 ROE	現金股利連配次數
19.27	1.31 元	8.06%	14 次
16.2	6.5 元	12.9%	22 次
17.6	9.05 元	20.9%	11 次
13.54	2.47 元	13.2%	23 次
15.4	4.3 元	15.5%	16 次
17.96	5.65 元	22.2%	22 次
25.05	3.96 元	17.8%	22 次
21.3	4.35 元	18%	18 次
13.55	5.16 元	22.7%	9 次
15.1	10.82 元	14.3%	16 次
22.42	3.27 元	13.8%	18 次
15.73	5.01 元	17.5%	28 次
24.6	3.34 元	14.9%	22 次
17.3	4.55 元	38%	19 次
11.94	15.28 元	21.3%	13 次
19.52	1.36 元	8.98%	12 次
22.94	2.96 元	19.3%	23 次
11.1	12.07 元	24.9%	14 次
16	7.21 元	16.6%	20 次
17.5	3.76 元	18.9%	21 次
15.3	8.39 元	29.7%	21 次
17.2	15.74 元	28%	20 次
16.2	3.45 元	16.1%	14 次
16.34	2.47 元	7.7%	24 次
15.04	4.52 元	18.1%	16 次

卜蜂（1215）

代號	1215	**市場別**	上市
名稱	台灣卜蜂企業	**產業別**	食品工業
股本	29.5 億元	**成立年數**	46 年
股價 （2023 年 12 月 1 日）	95.8 元	**上市年數**	36 年
主要業務	飼料、各種禽畜加工製品及蛋品生產銷售等業務。		
老牛簡評	卜蜂是食品產業的明星隊成員之一，幾乎每個大賣場都可以看到卜蜂的產品。食品產業屬於生活概念股，更是「宅經濟」的受惠股，在股災來襲時相對安全不少。今年初出現缺蛋潮，不少人秀出「雞蛋自由」照，雖靠著進口蛋解決蛋荒，也讓大成卜蜂先狂了一波，消息淡去後，回歸基本面。 　　今年碰上通膨升息，物價漲得非常凶，如果薪水沒有增加，能買的東西就變少，即使有加薪，也會被通膨吃光光，所以一般民眾的消費能力還是倒退的，選擇抗通膨的股票，會來得相對安全，卜蜂當然就是一個很好的標的。 　　卜蜂上市 36 年，連續 17 年配發股利，近 7 年現金股利均為 3 元以上，殖利率也平均都在 5% 以上，填息機率為 100%。再加上 ROE 均在 15% 以上，長期投資相當安全。		

近 5 年獲利數據

營業年度	營收	淨利	EPS	ROE
2018 年	189 億元	9.51 億元	3.55 元	14%
2019 年	212 億元	14.6 億元	5.46 元	23%
2020 年	222 億元	16.6 億元	6.18 元	18.9%
2021 年	248 億元	13.6 億元	5.06 元	15.2%
2022 年	290 億元	15.6 億元	5.28 元	17.1%
平均	232.2 億元	14 億元	5.11 元	17.6%

近 5 年現金股利數據

發放年度	現金股利	盈餘發放率	平均殖利率
2019 年	3 元	84.5%	4.8%
2020 年	4 元	73.3%	6%
2021 年	4.5 元	72.8%	5.8%
2022 年	3 元	59.3%	3.7%
2023 年	3.5 元	66.3%	3.9%
平均	3.6 元	71.2%	4.8%

連續 17 年配發現金股利，合計 35.7 元。

統一（1216）

代號	1216	市場別	上市
名稱	統一企業	產業別	食品工業
股本	568.2 億元	成立年數	56 年
股價 （2023 年 12 月 1 日）	74.3 元	上市年數	35 年
主要業務	食品、便利商店、流通、油品等事業		
老牛簡評	統一是食品產業中的龍頭股，其具備的優勢包括：獲利穩定配息穩健、高品牌價值、規模優勢及護城河優勢。旗下事業涵蓋食品、油品、通路商、物流、包裝容器等，其中最大金雞母為統一超（2912），旗下的 7-ELEVEN 便利商店及食品事業部占總營收超過 5 成，擁有穩定財源，同時也持續投入其他事業開發。 　　每年營收規模平均來到 4,000 億元，去年更突破 5,000 億元大關；每股盈餘也長年穩定維持在 3 元以上。 　　產業龍頭股的本益比都會偏高，落在 20 倍至 24 倍左右，由於獲利穩定的特性、股價通常也有抗跌效果，所以市場給予的價位能大致推斷出來。撇除 2017 年處分上海星巴克與轉投資統一超的特別事件，統一在長期股價都是維持在本益比 20 倍至 24 倍左右。		

近 5 年獲利數據

營業年度	營收	淨利	EPS	ROE
2018 年	4,314 億元	174 億元	3.07 元	14.9%
2019 年	4,480 億元	190 億元	3.35 元	16.5%
2020 年	4,473 億元	215 億元	3.79 元	17.4%
2021 年	4,735 億元	199 億元	3.5 元	15.9%
2022 年	5,248 億元	172 億元	3.02 元	14.2%
平均	4,650 億元	190 億元	3.35 元	15.8%

近 5 年現金股利數據

發放年度	現金股利	盈餘發放率	平均殖利率
2019 年	2.5 元	81.4%	3.3%
2020 年	2.5 元	74.6%	3.6%
2021 年	2.7 元	71.2%	3.8%
2022 年	2.7 元	77.1%	4.1%
2023 年	3.15 元	104%	4.4%
平均	2.7 元	81.7%	3.8%

連續 40 年配發現金股利，合計 79.3 元。

聯華（1229）

代號	1229	市場別	上市
名稱	聯華實業	產業別	食品工業
股本	158.4 億元	成立年數	68 年
股價 （2023年12月1日）	68.4 元	上市年數	47 年
主要業務	麵粉、麵製品、氣體、電子品等控股公司		
老牛簡評	聯華早期以麵粉事業起家，透過積極轉型讓營收來源更多元，近年成功跨出食品產業，在 2019 年轉型更名「聯華實業投資控股股份有限公司」為集團之控股公司。 　　集團主要成員包括聯華製粉、聯華置產、神基（3005）、神達（3706）、聯強（2347）、神通資料、聯成（1313）、聯華氣體等，不要驚訝，聯華集團主要成員中不少都是上市櫃公司；跨領域事業涵蓋麵食事業、餐飲食品通路、資訊系統整合、軟體研發、石油化學、工業氣體、運輸物流、不動產開發租賃等多角化產業。 　　集團轉型後，就不能單純以食品股的角度做同業比較，此外近年的集團目的也很清晰，就是積極透過併購及轉型，擴大營收來源，但獲利方面就要依子公司的經營表現來判斷。		

近 5 年獲利數據

營業年度	營收	淨利	EPS	ROE
2018 年	51 億元	24.8 億元	2.35 元	9.91%
2019 年	82.7 億元	27.7 億元	2.51 元	10.1%
2020 年	95.4 億元	31 億元	2.43 元	8.53%
2021 年	113 億元	40.9 億元	2.92 元	9.41%
2022 年	123 億元	38.7 億元	2.63 元	8.81%
平均	93.1 億元	32.6 億元	2.57 元	9.35%

近 5 年現金股利數據

發放年度	現金股利	盈餘發放率	平均殖利率
2019 年	1.6 元	68.1%	4.62%
2020 年	1.6 元	63.7%	3.92%
2021 年	1.7 元	37%	3.35%
2022 年	1.8 元	64%	3.17%
2023 年	1.3 元	55.9%	2.13%
平均	1.6 元	57.7%	3.44%

連續 40 年配發現金股利，合計 48.25 元。

台積電（2330）

代號	2330	市場別	上市
名稱	台灣積體電路製造	產業別	半導體業
股本	2,593 億元	成立年數	36 年
股價 （2023 年 12 月 1 日）	579 元	上市年數	29 年
主要業務	積體電路製造及封裝測試服務		
老牛簡評	台積電 2023 年資本支出為 320 億美元，把其他半導體代工廠遠遠拋在後面，大部分支出投入先進製程應用，持續站穩市場領先地位。在 2023 上半年經歷了半導體的庫存調整期，但重要的是，總裁魏哲家在法說會上表示「半導體景氣底部很接近了」，與目前營收從谷底回升的走勢相符，投資人可以注意海外（美國、德國、日本）設廠的進度。 　　台積電吃下全球 9 成先進製程產能，未來景氣復甦加上 AI 題材帶動，再加上公司已拍板明年調高季配息至 3.5 元，也就是明年股利至少 14 元起跳，令人期待其獲利成長趨勢，所帶動股價的機會。 　　台積電屬於權值股，短期股價本來就容易受政經時勢影響，要把時間拉長才會顯現基本面的威力，一定要有耐心！		

近 5 年獲利數據

營業年度	營收	淨利	EPS	ROE
2018 年	10,315 億元	3,511 億元	13.54 元	21.9%
2019 年	10,700 億元	3,453 億元	13.32 元	20.9%
2020 年	13,393 億元	5,179 億元	19.97 元	29.8%
2021 年	15,874 億元	5,965 億元	23.01 元	29.7%
2022 年	22,639 億元	10,165 億元	39.2 元	39.6%
平均	14,584 億元	5,655 億元	21.81 元	28.4%

近 5 年現金股利數據

發放年度	現金股利	盈餘發放率	平均殖利率
2019 年	12.5 元	67.6%	4.78%
2020 年	10 元	57%	2.64%
2021 年	10.5 元	49.1%	1.76%
2022 年	11 元	37.4%	2.13%
2023 年	11.5 元	30.9%	2.13%
平均	11.1 元	48.4%	2.69%

連續 32 年配發現金股利，合計 153.9 元。

聯強（2347）

代號	2347	市場別	上市
名稱	聯強國際	產業別	電子通路業
股本	166.8 億元	成立年數	35 年
股價 （2023 年 12 月 1 日）	68.2 元	上市年數	28 年
主要業務	電子零組件、資訊產品及通訊產品代理銷售		
老牛簡評	聯強總裁杜書伍一直是老牛景仰的企業經營者，在其《將才》系列書籍中有不少領導經營理念，在老牛剛進入價值投資時，學到不少判斷公司經營階層的觀念。 　　聯強為 3C 電子產品之專業通路商，全球前 3 大電子產品通路商，營運據點包含臺灣、美國、中國、香港、紐西蘭、澳洲、泰國、印度、土耳其、日本、印尼等地，遍布 39 個國家，覆蓋全球 60% 人口。營運規模上，聯強在美國與日本皆位居當地第三大，中國為第二大、其餘營運地區皆是第一大電子產品通路。 　　因盈餘發放率低於 7 成，故老牛較少列入討論；平均殖利率在 5% 以上，但股價較為「牛皮」，長期投資風險不高，投資人要有耐心。		

近 5 年獲利數據

營業年度	營收	淨利	EPS	ROE
2018 年	3,832 億元	66.1 億元	3.96 元	14.4%
2019 年	3,400 億元	68.2 億元	4.09 元	14.3%
2020 年	3,342 億元	81.6 億元	4.89 元	15.7%
2021 年	4,088 億元	173 億元	10.35 元	29%
2022 年	4,246 億元	157 億元	9.44 元	23.2%
平均	3,782 億元	109 億元	6.55 元	19.3%

近 5 年現金股利數據

發放年度	現金股利	盈餘發放率	平均殖利率
2019 年	2 元	50.5%	5.34%
2020 年	2.6 元	63.6%	6.28%
2021 年	3.3 元	67.5%	6.11%
2022 年	5 元	48.3%	7.99%
2023 年	3.5 元	37.1%	5.60%
平均	3.3 元	53.4%	6.26%

連續 31 年配發現金股利，合計 85.39 元。

佳世達（2352）

代號	2352	市場別	上市
名稱	佳世達	產業別	電腦及周邊設備業
股本	196.7 億元	成立年數	39 年
股價 （2023 年 12 月 1 日）	44.65 元	上市年數	27 年
主要業務	液晶顯示器產品投影機產品醫療服務		
老牛簡評	佳世達被老牛認證為集團艦隊股，從電子科技慢慢跨足醫療領域，並且透過併購公司，將旗下產品與服務相互結合，以提升商品價值進而帶動獲利表現。 　　近年已成為橫跨資訊產業、醫療事業、智慧解決方案及網路通訊事業之系統整合大廠，並以優化現有事業、擴大醫療事業、加速智能方案及布局網通事業，這四大營運方針加速優化產品事業結構與擴大有效投資併購，提升獲利以實現價值轉型。 　　以近 5 年營收走勢來看，有很大部分來自收購子公司的合併營收，併入的綜效也逐漸反映在公司獲利上，連續 2 年每股盈餘均來到 4 元以上水準，集團艦隊的規模漸漸成形。		

近 5 年獲利數據

營業年度	營收	淨利	EPS	ROE
2018 年	1,558 億元	40.4 億元	2.05 元	11.5%
2019 年	1,698 億元	35.8 億元	1.82 元	10%
2020 年	1,917 億元	49.9 億元	2.54 元	11.9%
2021 年	2,260 億元	83.1 億元	4.22 元	16.8%
2022 年	2,398 億元	82.5 億元	4.2 元	16.5%
平均	1,966 億元	58.3 億元	2.97 元	13.3%

近 5 年現金股利數據

發放年度	現金股利	盈餘發放率	平均殖利率
2019 年	0.85 元	41.5%	4.16%
2020 年	0.75 元	41.2%	3.92%
2021 年	1.5 元	59.1%	4.94%
2022 年	2.5 元	59.2%	8.54%
2023 年	2 元	47.6%	5%
平均	1.52 元	49.7%	5.31%

連續 9 年配發現金股利，合計 **11.42 元**。

英業達（2356）

代號	2356	市場別	上市
名稱	英業達	產業別	電腦及周邊設備業
股本	358.7 億元	成立年數	48 年
股價 （2023 年 12 月 1 日）	41.95 元	上市年數	27 年
主要業務	筆記型電腦伺服器製造		
老牛簡評	英業達（2356）是全球排名前五大的電腦及周邊設備代工廠，代工產品廣泛，涵蓋筆電、伺服器、手機及穿戴裝置。近年因為筆電相關代工業務飽和，且毛利率低，公司逐漸往較高毛利的伺服器市場靠攏，目前為全球最大伺服器代工廠，市占率約 30%，該產品也是目前主要獲利來源。 　　在前兩本書中，老牛與投資人闡述過為何英業達是我的最愛抱緊股，主因仍然是股價低，長年在 20 元上下；另一項優點是高殖利率，連續 31 年配發股利，合計近 75 元。 　　今年英業達因 AI 伺服器題材而使得價值浮現，並且股價上漲超過 5 成，本益比來到偏高位階。因此老牛建議，夥伴們要重新以未來獲利評估目前股價位階。		

近 5 年獲利數據

營業年度	營收	淨利	EPS	ROE
2018 年	5,069 億元	65 億元	1.81 元	9.12%
2019 年	5,010 億元	55.1 億元	1.54 元	8.43%
2020 年	5,083 億元	75.5 億元	2.1 元	11.4%
2021 年	5,197 億元	65.4 億元	1.82 元	10.4%
2022 年	5,418 億元	61.3 億元	1.71 元	10.5%
平均	5,155 億元	64.4 億元	1.8 元	9.99%

近 5 年現金股利數據

發放年度	現金股利	盈餘發放率	平均殖利率
2019 年	1.5 元	82.9%	6.49%
2020 年	1.3 元	84.4%	5.54%
2021 年	1.85 元	88.1%	7.28%
2022 年	1.4 元	76.9%	5.7%
2023 年	1.5 元	87.7%	3.67%
平均	1.5 元	84%	5.74%

連續 31 年配發現金股利，合計 74.94 元。

技嘉（2376）

代號	2376	市場別	上市
名稱	技嘉科技	產業別	電腦及周邊設備業
股本	63.57 億元	成立年數	37 年
股價 （2023 年 12 月 1 日）	246 元	上市年數	25 年
主要業務	電腦硬體及零件製造、買賣電腦系統周邊設備		
老牛簡評	技嘉（2376）為全球第二大主機板製造銷售商，主攻零售市場，以供應桌上型電腦使用居多。近年往伺服器應用發展，擁有全球行銷通路據點，以快速回應需求。 　　各大科技廠受到通膨、戰爭、高利率衝擊，紛紛縮減資本支出，看淡明年營運展望，唯有在 AI 領域持續加碼投資，成為 2024 年推動業績成長主力產品，使得 AI 伺服器供應鏈展望相當看好，而技嘉便是重要的主角。 　　不過技嘉今年股價飆漲，漲幅超過 1 倍以上，本益比也高達 30 倍以上。由於未來仍具發展性，持股成本低的投資人可以繼續抱緊持有，而想要進場的夥伴，需要重新評估其股價位階。		

近 5 年獲利數據

營業年度	營收	淨利	EPS	ROE
2018 年	609 億元	25.7 億元	4.04 元	10.3%
2019 年	618 億元	19.4 億元	3.05 元	7.86%
2020 年	846 億元	43.7 億元	6.88 元	16.7%
2021 年	1,219 億元	133 億元	21.01 元	41.1%
2022 年	1,073 億元	65.4 億元	10.29 元	17.8%
平均	873 億元	57.5 億元	9.05 元	18.8%

近 5 年現金股利數據

發放年度	現金股利	盈餘發放率	平均殖利率
2019 年	3 元	74.3%	6.18%
2020 年	2.2 元	72.1%	3.28%
2021 年	5 元	72.7%	4.74%
2022 年	12 元	57.1%	11.1%
2023 年	6.2 元	60.3%	2.91%
平均	5.7 元	67.3%	5.64%

連續 26 年配發現金股利，合計 94.58 元。

中華電（2412）

代號	2412	市場別	上市
名稱	中華電信	產業別	通信網路業
股本	775.7 億元	成立年數	27 年
股價 （2023 年 12 月 1 日）	120 元	上市年數	23 年
主要業務	第一、二類電信事業		
老牛簡評	中華電是幾乎每個人每天都在使用其服務的公司，老牛就不多做說明，它的電信龍頭地位不是喊假的。 　　電信類屬於民生消費的必需產業，與景氣變動的關聯性不大，因此獲利大多維持穩定狀態。近 5 年平均獲利為 4.5 元。連續配息 25 年，近 5 年平均殖利率 4.02%，配息金額及殖利率都相當穩定，加上股價波動相當低，Beta 值僅 0.1，讓中華電是眾多存股族的熱門存股標的之一。 　　中華電向來積極投資，今年更是與全球第二大低軌衛星公司 OneWeb 合作，未來會有更多與高、中、低軌衛星的合作機會，提升臺灣通訊網路之強韌性。		

近 5 年獲利數據

營業年度	營收	淨利	EPS	ROE
2018 年	2,155 億元	355 億元	4.58 元	9.59%
2019 年	2,075 億元	328 億元	4.23 元	8.74%
2020 年	2,076 億元	334 億元	4.31 元	8.95%
2021 年	2,105 億元	358 億元	4.61 元	9.53%
2022 年	2,167 億元	365 億元	4.7 元	9.68%
平均	2,116 億元	347 億元	4.49 元	9.3%

近 5 年現金股利數據

發放年度	現金股利	盈餘發放率	平均殖利率
2019 年	4.5 元	97.8%	4.06%
2020 年	4.2 元	99.9%	3.87%
2021 年	4.3 元	99.9%	3.82%
2022 年	4.6 元	100%	3.84%
2023 年	4.7 元	100%	3.96%
平均	4.5 元	99.5%	3.91%

連續 26 年配發現金股利，合計 123.9 元。

超豐（2441）

代號	2441	市場別	上市
名稱	超豐電子	產業別	半導體業
股本	56.88 億元	成立年數	40 年
股價 （2023 年 12 月 1 日）	60.4 元	上市年數	23 年
主要業務	積體電路封裝、測試業務		
老牛簡評	超豐為臺灣 IC（Integrated Circuit，積體電路）封測廠，於 2011 年被力成公開收購納為子公司。業務重心以打線封裝為主，測試為輔。臺灣客戶以 IC 設計公司為主，國外客戶則以垂直整合的 IDM（Integrated Device Manufacturer，垂直整合製造商）廠為主，客戶數量高達上百家 IC 設計公司，客戶群分散。 　　超豐是老牛的私房股，公司防禦性仍然相當強大，其優勢包括：是封測大廠力成的子公司，有富爸爸當靠山；連續 26 年配發現金股利，代表獲利能力持續；自由現金流量穩定。 　　受惠於 5G、車用、網通、電源管理 IC 等相關產品，封裝訂單暢旺且產能吃緊，因此營運均維持高檔表現。而美中經濟戰持續，不少國際客戶轉往臺灣供應鏈，且國際 IDM 大廠擴大委外封測，目前國際訂單已擴大來到 5 成以上。		

近 5 年獲利數據

營業年度	營收	淨利	EPS	ROE
2018 年	124 億元	23.8 億元	4.18 元	15%
2019 年	120 億元	19 億元	3.33 元	11.5%
2020 年	147 億元	26.6 億元	4.68 元	15.4%
2021 年	195 億元	46 億元	8.09 元	23.7%
2022 年	160 億元	31.6 億元	5.55 元	15.1%
平均	149 億元	29.39 億元	5.17 元	16.1%

近 5 年現金股利數據

發放年度	現金股利	盈餘發放率	平均殖利率
2019 年	2.7 元	64.6%	6.29%
2020 年	2.3 元	69.1%	4.75%
2021 年	3.1 元	66.2%	4.06%
2022 年	5 元	61.8%	8.01%
2023 年	3.7 元	66.7%	6.59%
平均	3.4 元	65.7%	5.94%

連續 26 年配發現金股利，合計 65.89 元。

京元電子（2449）

代號	2449	市場別	上市
名稱	京元電子	產業別	半導體業
股本	122.3 億元	成立年數	36 年
股價（2023年12月1日）	82.8 元	上市年數	22 年
主要業務	積體電路設計、製造、測試等業務		
老牛簡評	京元電子集團是國內 IC 測試大廠，也是全球第二大主要 CMOS（互補式金屬氧化物半導體）影像感測器測試廠。提供前段晶圓測試及後段 IC 成品測試、預燒測試、封裝等整合性服務，終端應用由過去單純的晶片測試，擴展到記憶體、無線射頻等領域。 　　從本益比河流圖中可以看到趨勢向上，代表京元電子的盈餘一直在成長，此外，獲利連續 4 年成長，今年更受惠於 AI 測試訂單、大客戶需求回暖，題材拉抬效應下，推動股價持續上漲。 　　雖說 2023 年前 3 季的稅後純益 42.72 億元，累計每股盈餘為 3.49 元，較前一年同期衰退近 2 成，但從明年在 AI GPU（圖形處理器）測試需求看升、CoWoS（Chip on Wafer on Substrate，一種 2.5D ／ 3D 封裝技術）產能積極擴增、消費性電子市場持續復甦下，整體營運有望重新迎來雙位數成長。		

近 5 年獲利數據

營業年度	營收	淨利	EPS	ROE
2018 年	208 億元	18 億元	1.47 元	7.24%
2019 年	255 億元	30.4 億元	2.49 元	12%
2020 年	290 億元	36.4 億元	2.97 元	13.1%
2021 年	338 億元	51.8 億元	4.23 元	16.3%
2022 年	368 億元	68.4 億元	5.59 元	19.4%
平均	292 億元	41 億元	3.35 元	13.6%

近 5 年現金股利數據

發放年度	現金股利	盈餘發放率	平均殖利率
2019 年	1.35 元	91.8%	4.41%
2020 年	1.8 元	72.3%	5.39%
2021 年	2 元	67.3%	4.72%
2022 年	3 元	70.9%	7.64%
2023 年	3.5 元	62.6%	5.79%
平均	2.3 元	73%	5.59%

連續 13 年配發現金股利，合計 22.41 元。

聯發科（2454）

代號	2454	市場別	上市
名稱	聯發科技	產業別	半導體業
股本	160 億元	成立年數	26 年
股價 （2023 年 12 月 1 日）	947 元	上市年數	22 年
主要業務	多媒體、高階消費性等產品 IC 設計		
老牛簡評	聯發科為全球前五大 IC 設計業者，僅次於高通、博通、輝達及超微。由於 2022 年時發生供給大於需求的失衡，電子產業多傳出庫存過高消息，包括面板、筆電、桌上型電腦、平板電腦及手機等產品，其中又以手機晶片為主要營收來源的聯發科，所受的衝擊又最大。 　　由於看好 AI 的熱潮，聯發科推出首款生成式 AI 晶片天璣 9300，且一上市便有銷售好消息，再加上半導體產業週期性復甦，可期待未來成長潛力。 　　聯發科連續配息 24 年，並且宣布現金股利改為半年配，代表一家公司可以嚴格控管現金流，是老牛認為可以長期投資的標的。		

近 5 年獲利數據

營業年度	營收	淨利	EPS	ROE
2018 年	2,381 億元	208 億元	13.26 元	7.76%
2019 年	2,462 億元	230 億元	14.69 元	7.88%
2020 年	3,221 億元	409 億元	26.01 元	12%
2021 年	4,934 億元	1,114 億元	70.56 元	27.7%
2022 年	5,488 億元	1,181 億元	74.59 元	27.1%
平均	3,697 億元	629 億元	40 元	16.5%

近 5 年現金股利數據

發放年度	現金股利	盈餘發放率	平均殖利率
2019 年	9 元	67.9%	2.73%
2020 年	10.5 元	71.5%	1.94%
2021 年	37 元	142%	3.89%
2022 年	73 元	103%	9.28%
2023 年	100.6 元	106%	13.4%
平均	46.0 元	98.1%	6.25%

連續 24 年配發現金股利，合計 475.6 元。

義隆（2458）

代號	2458	市場別	上市
名稱	義隆電子	產業別	半導體業
股本	30.39 億元	成立年數	29 年
股價 （2023 年 12 月 1 日）	151 元	上市年數	22 年
主要業務	類神經網路、指令微控制器 IC 設計		
老牛簡評	若從 2021 年往前回推近 5 年，義隆的營收及獲利均維持穩定成長走勢，其中 2021 年新冠疫情助燃居家辦公，當時筆電及桌上型電腦熱絡的消費需求，使得營收、獲利均以倍數幅度增長，當年整體營收達 183 億元，獲利來到 17.64 元，雙創歷史新高。 　　然而到 2022 年上半年，面板庫存去化掀起聲浪、電腦需求下滑，也連帶影響觸控 IC 的需求，公司決定在 2022 年第 4 季與晶片廠解約，支付一次性的違約金，以減少成本支出及控制庫存為決策考量。 　　義隆的主力營收來源為觸控 IC 領域，關鍵技術具有一定程度的市場地位，屬於公司獲利的護城河之一；在未來電子產品的應用上，觸控領域仍有潛在市場待開發，例如車用領域及高階指紋辨識產品，所以對後續展望不用太悲觀。		

近 5 年獲利數據

營業年度	營收	淨利	EPS	ROE
2018 年	86.5 億元	15.6 億元	4.16 元	22%
2019 年	94.9 億元	25 億元	8.57 元	34.7%
2020 年	151 億元	32.5 億元	11.14 元	37.8%
2021 年	183 億元	51 億元	17.64 元	49.7%
2022 年	130 億元	21.5 億元	7.56 元	19.7%
平均	129 億元	29.1 億元	9.81 元	32.8%

近 5 年現金股利數據

發放年度	現金股利	盈餘發放率	平均殖利率
2019 年	5 元	120%	5.97%
2020 年	6.5 元	75.8%	5.47%
2021 年	9 元	80.8%	5.09%
2022 年	13.8 元	78.3%	11.2%
2023 年	5.1 元	49.3%	4.43%
平均	7.89 元	80.8%	6.4%

連續 26 年配發現金股利，合計 85.08 元。

敦陽科 (2480)

代號	2480	市場別	上市
名稱	敦陽科技	產業別	資訊服務業
股本	10.64 億元	成立年數	30 年
股價 （2023 年 12 月 1 日）	126 元	上市年數	22 年
主要業務	電腦系統銷售、諮詢、維護服務		
老牛簡評	敦陽科技創立於 1993 年，提供的業務有系統整合、資訊安全及各種產業應用。國內 1,000 大企業中有半數、上市櫃公司中也有六百多家是其客戶，上至電子金融，下至政府醫療，橫跨各行各業。 　　敦陽科配息大方，每年配發率維持約 9 成水準，只要獲利一公布，就可以輕易知道股利金額。再深入解析，敦陽是系統整合商，其實是套用「先賺產品錢，再賺服務財」商業模式，連結上游軟硬體產品，從中賺取代理價差，將產品賣給客戶之後，每年再收取定期維修與諮詢的服務（高毛利）費用。 　　由於 AI、雲端服務商機發燒，帶動資訊服務概念股今年大漲，敦陽科未來也會聚焦於高科技業、電信與金融業等雲端應用軟體；此外，深度學習、數位轉型、機器人應用等，也將是今年布局重點。		

近 5 年獲利數據

營業年度	營收	淨利	EPS	ROE
2018 年	46.5 億元	4.04 億元	3.8 元	15.6%
2019 年	55.2 億元	4.47 億元	4.2 元	16.4%
2020 年	55.4 億元	4.98 億元	4.68 元	17.7%
2021 年	65.8 億元	6.38 億元	6 元	21.8%
2022 年	67.3 億元	7.35 億元	6.91 元	23.9%
平均	58 億元	5.44 億元	5.12 元	19.1%

近 5 年現金股利數據

發放年度	現金股利	盈餘發放率	平均殖利率
2019 年	3.42 元	90%	6.61%
2020 年	4.45 元	106%	7.11%
2021 年	4.3 元	91.9%	6.17%
2022 年	5.62 元	93.7%	6.62%
2023 年	6.26 元	90.6%	5.74%
平均	4.81 元	94.4%	6.45%

連續 26 年配發現金股利，合計 79.22 元。

根基（2546）

代號	2546	市場別	上市
名稱	根基營造	產業別	建材營造業
股本	12.07 億元	成立年數	41 年
股價 （2023 年 12 月 1 日）	74.6 元	上市年數	25 年
主要業務	土木、建築、水利及整地工程之承攬		
老牛簡評	老朋友都知道，根基是老牛長期持股的 7% 高殖利率股，也是「老牛私藏定存股」的名單之一，截至目前已長抱 6 年。在 2019 年第一本書出版時，根基股價為 32.2 元、如今最高來到 80.4 元，光價差的報酬率就超過 100%，何況還沒加上每年複利滾存的累積報酬呢。 　　由於建材原物料價格提升，成本調控不易，從毛利率下滑就能看出影響。而營建業也遇到缺工問題，根基短期採用移工補充缺少人力的效益有限，因此未來將推動營建自動化，以減少人力需求為長期目標。 　　投資人可以注意，根基在手訂單仍持續創高，目前有逾 500 億元的在建工程合約正在執行，並且近 5 年規模仍持續推升，新簽合約也陸續得標簽訂中，長遠來看具有穩定的獲利來源。		

近 5 年獲利數據

營業年度	營收	淨利	EPS	ROE
2018 年	114 億元	4.08 億元	3.84 元	16.7%
2019 年	115 億元	4.02 億元	3.79 元	15.3%
2020 年	141 億元	6.26 億元	5.91 元	21.6%
2021 年	108 億元	7.4 億元	6.98 元	22.5%
2022 年	142 億元	10.5 億元	8.98 元	27.2%
平均	124 億元	6.45 億元	5.9 元	20.7%

近 5 年現金股利數據

發放年度	現金股利	盈餘發放率	平均殖利率
2019 年	3 元	78.1%	8.78%
2020 年	3 元	79.2%	7.04%
2021 年	3.6 元	60.9%	7.47%
2022 年	2.6 元	37.2%	5.07%
2023 年	4.15 元	46.2%	6.03%
平均	3.3 元	60.3%	6.88%

連續 17 年配發現金股利，合計 33.62 元。

京城銀（2809）

代號	2809	市場別	上市
名稱	京城商業銀行	產業別	銀行業
股本	111.1 億元	成立年數	72 年
股價 （2023 年 12 月 1 日）	39.85 元	上市年數	40 年
主要業務	存放款、外匯、投資、信託等金融業務		
老牛簡評	2019 年時，京城銀踩到大同集團子公司綠能倒閉的地雷，出現難得的甜甜價；2020 年股災出現時，京城銀的股價當然也是直直落；2022 年又因為海外債券價格下滑，在提列未實現損失後，再度影響京城銀當年度績效。 　　但即便是踩到了各種雷，京城銀的獲利總能回到正軌，關鍵在於董事長戴誠志是位實在的經營者，只要公司遇到逆風，其決策都很果斷且公開公正，是獲利始終都能恢復成長表現的原因之一。 　　老牛常以小上海來稱呼京城銀，也希望京城銀的表現可與上海商銀相比。京城銀目前股價 39.85 元，上海商銀 46 元（2023 年 12 月 1 日）；從近 5 年平均每股盈餘來看，京城銀為 3.48 元，而上海商銀為 3.28 元，再加上 2023 年京城銀前 3 季每股盈餘為 4.05 元，的確是超車上海商銀的累計 3.03 元！		

近 5 年獲利數據

營業年度	營收	淨利	EPS	ROE
2018 年	70 億元	28.8 億元	2.51 元	7.98%
2019 年	84.9 億元	34 億元	2.99 元	8.93%
2020 年	89.1 億元	54.9 億元	4.9 元	12.5%
2021 年	103 億元	56.3 億元	5.02 元	11.8%
2022 年	53.5 億元	22.1 億元	1.98 元	4.84%
平均	80 億元	39.2 億元	3.48 元	9.22%

近 5 年現金股利數據

發放年度	現金股利	盈餘發放率	平均殖利率
2019 年	1.5 元	59.8%	4.67%
2020 年	1.5 元	50.2%	4.23%
2021 年	1.8 元	36.7%	4.43%
2022 年	2.1 元	41.8%	5.77%
2023 年	1.1 元	55.6%	3.04%
平均	1.6 元	48.8%	4.43%

連續 11 年配發現金股利，合計 16 元。

玉山金（2884）

代號	2884	市場別	上市
名稱	玉山金控	產業別	金控業
股本	1,566 億元	成立年數	21 年
股價 （2023 年 12 月 1 日）	25.25 元	上市年數	21 年
主要業務	金融控股公司業		
老牛簡評	玉山金屬於「銀行型金控股」，玉山銀行的業務包辦了 9 成以上的獲利比重，並且受惠於升息擴大利差的優勢。 　　這檔股票是老牛長期投資的金融股之一，主要是看上它「有吃又有拿」屬性，也就是會發現金股利，也會配發股票股利。雖然 2023 年的股利配發不如人意，不少人棄玉山而去，讓玉山金承受的壓力不小，但老牛仍然認為，只要「持續發放股票股利」，就會繼續買進且抱緊玉山金。 　　此外也提醒夥伴們別忘了，玉山金是 2023 年第一個宣布配息數據的金控股，且並未動用資本公積配發，這麼做的好處是保留更多資金靈活運用，對公司長期經營絕對是好事。		

近 5 年獲利數據

營業年度	營收	淨利	EPS	ROE
2018 年	494 億元	171 億元	1.58 元	11.1%
2019 年	545 億元	201 億元	1.73 元	12.1%
2020 年	562 億元	180 億元	1.43 元	10.2%
2021 年	579 億元	206 億元	1.54 元	11%
2022 年	548 億元	158 億元	1.1 元	8.06%
平均	546 億元	183 億元	1.48 元	10.5%

近 5 年現金股利數據

發放年度	現金股利	盈餘發放率	平均殖利率
2019 年	0.71 元	44.9%	2.81%
2020 年	0.79 元	45.7%	2.96%
2021 年	0.61 元	42.7%	2.32%
2022 年	0.67 元	43.5%	2.39%
2023 年	0.19 元	17.2%	0.76%
平均	0.59 元	38.8%	2.25%

連續 16 年配發現金股利，合計 17.1 元。

零壹（3029）

代號	3029	市場別	上市
名稱	零壹科技	產業別	資訊服務業
股本	15.36 億元	成立年數	43 年
股價 （2023 年 12 月 1 日）	66.2 元	上市年數	23 年
主要業務	網路軟硬體產品之代理製造及開發		
老牛簡評	臺灣有不少資安軟體公司支應當前企業需求，包括前面介紹的敦陽科，而零壹則屬於中小型的資安股，雖然股本小、成交量低，但獲利表現卻不輸大型企業。 　　查看近 5 年獲利表現，零壹的營運仍然是持續成長，從營收、財務三率（毛利率、營業利益率、稅後淨利率）及每股盈餘來看，均有同步提升的走勢；股東權益報酬率（ROE）超過 15%標準，屬於高獲利型公司。 　　企業戶對資安、雲端及人工智慧領域的需求日增，加上零壹持續跨足生成式 AI 及智慧醫療領域，協助臺灣企業開發導入 AI 思維，並具體商轉落地，因此老牛也看好未來營運發展。		

近 5 年獲利數據

營業年度	營收	淨利	EPS	ROE
2018 年	66.5 億元	2.53 億元	2.06 元	11.7%
2019 年	89.2 億元	3.51 億元	2.85 元	15.1%
2020 年	98.3 億元	4.42 億元	3.55 元	17.3%
2021 年	129 億元	5.37 億元	4.24 元	16.2%
2022 年	127 億元	6.14 億元	4.03 元	15.5%
平均	102 億元	4.39 億元	3.35 元	15.2%

近 5 年現金股利數據

發放年度	現金股利	盈餘發放率	平均殖利率
2019 年	1.5 元	72.7%	5.2%
2020 年	2 元	70.5%	5.58%
2021 年	3 元	84.5%	6.73%
2022 年	3.6 元	85%	8.69%
2023 年	3.6 元	89.3%	6.11%
平均	2.7 元	80.4%	6.5%

連續 16 年配發現金股利，合計 22.68 元。

智易（3596）

代號	3596	市場別	上市
名稱	智易科技	產業別	通信網路業
股本	22.04 億元	成立年數	20 年
股價 （2023 年 12 月 1 日）	163 元	上市年數	14 年
主要業務	無線區域網路產品、多媒體閘道器無線影音產品		
老牛簡評	智易為專業網通產品代工廠，越南廠二期產線已完成建置並進入量產。 　　以近 5 年營收來看，公司積極專注在電信市場發展，剛好搭上各國推動寬頻建設的利多，加上美國總統拜登簽署的 420 億美元寬頻網路基建計畫，目標設定在 2030 年讓所有美國家庭都能快速上網，使得營收維持正成長，2022 年首度衝破 400 億元大關，2023 年前 3 季累積已達 370 億元，有望續創新高。 　　智易不僅是成長股，同時具有高殖利率的優勢，近 5 年股利同比獲利增長，殖利率大多維持在 5% 以上，近 5 年填息率 100%。縱使 2022 年股價回落至 80 元附近，但時間拉遠來看，其實仍維持多頭走勢，代表只要持續抱緊，不僅賺得股息、同時還能賺上價差！		

近 5 年獲利數據

營業年度	營收	淨利	EPS	ROE
2018 年	266 億元	8.72 億元	4.61 元	9.57%
2019 年	329 億元	13.1 億元	6.85 元	13%
2020 年	338 億元	17.1 億元	8.36 元	14%
2021 年	382 億元	17.9 億元	8.6 元	13.7%
2022 年	472 億元	20.1 億元	9.2 元	14.3%
平均	357 億元	15.4 億元	7.52 元	12.9%

近 5 年現金股利數據

發放年度	現金股利	盈餘發放率	平均殖利率
2019 年	3.5 元	75.9%	3.8%
2020 年	4.7 元	68.6%	5.52%
2021 年	6.5 元	77.7%	6.4%
2022 年	6.7 元	78%	5.93%
2023 年	6.5 元	70.7%	5%
平均	5.6 元	74.2%	5.33%

連續 16 年配發現金股利，合計 53.02 元。

大聯大（3702）

代號	3702	市場別	上市
名稱	大聯大控股	產業別	電子通路業
股本	187.9 億元	成立年數	18 年
股價 （2023年12月1日）	73.3 元	上市年數	18 年
主要業務	半導體零組件通路		
老牛簡評	大聯大是全球知名半導體通路商，代理經銷的 IC 種類廣泛，產品供應商超過 250 家，全球市占高達 12%。由於銷售的零組件主要應用於 3C 與電腦產品，因此營運起伏與電子產品的終端銷售循環相關。 　　大聯大在 2023 年第 3 季營收表現呈現「季季升」的走勢，受惠於下游客戶持續投資網通設備、伺服器、自動化，還有車用電子應用持續強勁；加上北美與東南亞等地客戶陸續投產，帶動半導體及相關電子零組件需求。此外，平均庫存天數降低，代表存貨壓力下降，顯示半導體景氣的確逐步復甦。 　　老牛會選入大聯大的主因，是其投資現金流優異，並且會透過橫向併購來擴大集團實力。例如在 2019 年時收購文曄（3036），成為第一大股東，2023 年底時由於文曄股價大漲 1 倍，大聯大處分文曄 4 萬張持股，因此大賺 25 億元。		

近 5 年獲利數據

營業年度	營收	淨利	EPS	ROE
2018 年	5,451 億元	74.6 億元	4.22 元	14.1%
2019 年	5,276 億元	64.5 億元	3.84 元	11%
2020 年	6,099 億元	81.2 億元	4.77 元	12.6%
2021 年	7,786 億元	115 億元	6.61 元	17%
2022 年	7,752 億元	105 億元	6.02 元	13.8%
平均	6,473 億元	88.1 億元	5.09 元	13.7%

近 5 年現金股利數據

發放年度	現金股利	盈餘發放率	平均殖利率
2019 年	2.7 元	64%	6.87%
2020 年	2.4 元	62.5%	6.07%
2021 年	3.1 元	65%	6.28%
2022 年	3.5 元	53%	6.75%
2023 年	3.85 元	64%	6.86%
平均	3.1 元	61.7%	6.57%

連續 18 年配發現金股利，合計 44.87 元。

崇友（4506）

代號	4506	市場別	上櫃
名稱	崇友實業	產業別	電機機械
股本	17.7 億元	成立年數	49 年
股價 （2023 年 12 月 1 日）	78.8 元	上市年數	26 年
主要業務	客、貨、病床用電梯，電扶梯及維修保養		
老牛簡評	崇友成立於 1974 年，除了擁有自有品牌「崇友」（中低端市場）、「堅尼西斯」（中高端市場）；同時也代理日本東芝（TOSHIBA）電梯，目前為臺灣三大電梯製造銷售廠商之一。 　　公司從事電梯製造、銷售、代理、維護等服務，營運穩定，新梯銷售約 70%～ 80% 來自住宅需求，約 5% 來自飯店百貨，其他則來自廠辦。維護服務的獲利最為穩健，加上政府通過，15 年以上電梯的安全檢查，將從 1 年 1 次改為半年 1 次，有助維修市場增長。 　　董監持股比率 6 成、400 張以上大戶持有率為 8 成、外資持股比不到 4%，加上每日成交量不過 1,000 筆以內，代表籌碼相對集中，也是穩定股價波動的主要原因（Beta 值為 0.33）。		

近 5 年獲利數據

營業年度	營收	淨利	EPS	ROE
2018 年	42.5 億元	6.43 億元	3.84 元	16.1%
2019 年	42.8 億元	6.79 億元	4.1 元	16.4%
2020 年	43.9 億元	7.26 億元	4.39 元	16.7%
2021 年	46.1 億元	7.78 億元	4.79 元	16.9%
2022 年	47.4 億元	8.48 億元	2.74 元	17.5%
平均	44.5 億元	7.35 億元	4.15 元	16.7%

近 5 年現金股利數據

發放年度	現金股利	盈餘發放率	平均殖利率
2019 年	2.6 元	71.6%	4.44%
2020 年	2.7 元	70.3%	4.7%
2021 年	3 元	73.2%	4.92%
2022 年	3.2 元	72.9%	4.58%
2023 年	3.4 元	71%	4.44%
平均	3 元	71.8%	4.62%

連續 31 年配發現金股利，合計 64.8 元。

中租-KY（5871）

代號	5871	市場別	上市
名稱	中租控股	產業別	其他業
股本	176.5 億元	成立年數	13 年
股價 （2023 年 12 月 1 日）	182.5 元	上市年數	11 年
主要業務	租賃業務分期付款買賣融資業務		
老牛簡評	中租的三大主要市場為臺灣、中國及東協地區，臺灣應收帳款占比為 52％，中國 31％，東協市場則為 15％；若以獲利貢獻來看，臺灣占比為 48％，中國 45％，東協市場則貢獻集團獲利約 6％。 　　2023 年前 10 個月累計獲利較 2022 年衰退，但業務仍穩健發展。由於中租在中國有相當程度的租賃業務，跌勢相對來得深，屬於短中期利空影響，但老牛相信未來單月營收還是會表現亮眼，只是滯延率如果受拖累，股價可能就有較長的調整期。 　　不過從近期公司所公布的自結數據也可以發現，中國市場的業務逐步增溫，應收帳款淨額開始穩定成長曲線，而在臺灣市場部分，亦見到平均收益率逐步反映資金成本提高的狀況，整體利差見回穩，有利後續獲利能力的走強。		

近 5 年獲利數據

營業年度	營收	淨利	EPS	ROE
2018 年	505 億元	134 億元	10.37 元	23.1%
2019 年	591 億元	155 億元	11.65 元	23.3%
2020 年	595 億元	169 億元	12.2 元	20.2%
2021 年	722 億元	216 億元	14.8 元	21%
2022 年	866 億元	272 億元	17.17 元	21.3%
平均	656 億元	189 億元	13.24 元	21.8%

近 5 年現金股利數據

發放年度	現金股利	盈餘發放率	平均殖利率
2019 年	4.2 元	40.5%	3.31%
2020 年	4.6 元	39.5%	3.58%
2021 年	5 元	41%	2.3%
2022 年	6 元	40.5%	2.78%
2023 年	6.4 元	37.3%	3.14%
平均	5.2 元	39.8%	3.02%

連續 13 年配發現金股利，合計 51.29 元。

合庫金（5880）

代號	5880	市場別	上市
名稱	合作金庫金控	產業別	金控業
股本	1,471 億元	成立年數	12 年
股價 （2023 年 12 月 1 日）	26.55 元	上市年數	12 年
主要業務	金融控股公司業		
老牛簡評	合庫金於 2011 年成立，是最年輕的金控股，也是臺灣四大官股金控之一，旗下事業包括合作金庫銀行、合作金庫人壽等 7 家子公司，最大股東為財政部，持股比例約 26%。銀行業務包辦 9 成以上的獲利比重，屬於「銀行型金控股」，也就是整體金控的獲利表現，銀行業務具有極大影響性、其次是壽險業務。 　　合庫金的獲利表現與合庫銀行有關，撇除 2023 年升息影響，近幾年營收獲利大致維持緩升格局，即使 2022 年獲利略較 2021 年衰退，但衰退幅度比其他金控小，獲利大致維持 1.2 元至 1.5 元左右，十分穩定。 　　合庫金是長年穩定配股又配息的金控公司，即使是每年都配股，獲利並沒有因此被稀釋，反而還能穩健提升，代表具有穩紮穩打的經營績效，這也是老牛喜歡的原因之一。		

近 5 年獲利數據

營業年度	營收	淨利	EPS	ROE
2018 年	469 億元	156 億元	1.24 元	7.66%
2019 年	491 億元	172 億元	1.33 元	8.02%
2020 年	518 億元	166 億元	1.24 元	7.38%
2021 年	544 億元	205 億元	1.51 元	8.83%
2022 年	532 億元	202 億元	1.45 元	8.98%
平均	511 億元	180 億元	1.35 元	8.17%

近 5 年現金股利數據

發放年度	現金股利	盈餘發放率	平均殖利率
2019 年	0.75 元	60.5%	3.73%
2020 年	0.85 元	63.9%	4.21%
2021 年	0.85 元	68.5%	3.92%
2022 年	1 元	66.2%	3.72%
2023 年	0.5 元	34.5%	1.84%
平均	0.79 元	58.7%	3.48%

連續 12 年配發現金股利，合計 12.65 元。

關貿（6183）

代號	6183	市場別	上市
名稱	關貿網路	產業別	資訊服務業
股本	15 億元	成立年數	27 年
股價 （2023 年 12 月 1 日）	67.9 元	上市年數	21 年
主要業務	電子資料交換服務專案承包、設備設施管理		
老牛簡評	關貿為全國政府單位、企業、一般大眾提供便利資訊系統服務，電子資料交換服務是最穩定的收入來源，包括貿易通關、保險業務以及電子商務。 　　另一個主要營收來源是專案承包業務，主要客戶是承接政府的專案，像是口罩實名制、簡訊實聯制、疫苗預約平臺、五倍券系統等，都是由關貿所標下。 　　關貿獲利連 7 年穩健成長，近 5 年平均獲利為 2.1 元；連續配息 24 年，近 5 年平均殖利率 4.06%，配息金額從 1.5 元提升到 2 元，填息時間只有個位數，最快也有 1 天即完成填息的情況。股價波動相當低，Beta 值僅 0.37，所以當然也成為網友最愛的定存股之一。		

近 5 年獲利數據

營業年度	營收	淨利	EPS	ROE
2018 年	15.8 億元	2.8 億元	1.87 元	13.1%
2019 年	17.3 億元	2.93 億元	1.96 元	13.5%
2020 年	19 億元	3.37 億元	2.25 元	15.2%
2021 年	22.3 億元	4.26 億元	2.84 元	18.6%
2022 年	22.7 億元	4.64 億元	3.09 元	19.3%
平均	19.4 億元	3.6 億元	2.4 元	16%

近 5 年現金股利數據

發放年度	現金股利	盈餘發放率	平均殖利率
2019 年	1.66 元	88.8%	4.7%
2020 年	1.75 元	89.3%	3.91%
2021 年	1.81 元	80.4%	3.66%
2022 年	2.05 元	72.2%	3.52%
2023 年	2.5 元	80.9%	3.84%
平均	1.95 元	82.3%	3.94%

連續 25 年配發現金股利，合計 27.71 元。

帆宣（6196）

代號	6196	市場別	上市
名稱	帆宣系統	產業別	其他電子業
股本	19.61 億元	成立年數	34 年
股價 （2023 年 12 月 1 日）	134 元	上市年數	21 年
主要業務	提供高科技產業廠務及製程系統規畫整合服務		
老牛簡評	帆宣提供無塵室整合系統及自動化管線工程，下游客戶主要是半導體及面板廠，也是台積電重要的廠務合作夥伴。受惠於科技大廠擴廠效應，獲利維持增長，從 2017 年的 3.77 元，來到 2021 年的 8.24 元，成長幅度 118% 相當漂亮。2022 年續推升至 11.34 元，2023 年前 3 季已達 9.42 元！ 　　回推近 10 年的股利發放來看，也是完美呈現穩速增長的動能，從 10 年前的配息金額 1.1 元，到 2023 年 5.64 元，如果抱得緊，股息也會越領越有感。以殖利率來看，近 10 年平均殖利率 5.5%，且連續 24 年配發紀錄，配息穩定又大方。 　　帆宣營運動能來自台積電美國廠廠務工程密集認列、中國封裝及光罩廠擴廠需求強勁，目前在手訂單仍超過 600 億元，市場看好半導體產業 2024 年可望逐步回溫，帆宣業績仍有成長空間。		

近 5 年獲利數據

營業年度	營收	淨利	EPS	ROE
2018 年	244 億元	7.93 億元	4.4 元	14.4%
2019 年	242 億元	7.03 億元	3.78 元	11.6%
2020 年	251 億元	9.14 億元	4.88 元	14.3%
2021 年	345 億元	15.5 億元	8.24 元	21.3%
2022 年	504 億元	22.1 億元	11.34 元	24.9%
平均	317 億元	12.3 億元	6.53 元	17.3%

近 5 年現金股利數據

發放年度	現金股利	盈餘發放率	平均殖利率
2019 年	3 元	68.1%	5.34%
2020 年	2.6 元	68.7%	2.82%
2021 年	3.5 元	71.7%	2.94%
2022 年	4.4 元	54%	3.48%
2023 年	5.6 元	49.7%	4.24%
平均	3.8 元	62.4%	3.77%

連續 24 年配發現金股利，合計 79.14 元。

矽格（6257）

代號	6257	市場別	上市
名稱	矽格	產業別	半導體業
股本	45.67 億元	成立年數	34 年
股價 （2023 年 12 月 1 日）	65.8 元	上市年數	20 年
主要業務	提供半導體晶圓成品測試		
老牛簡評	矽格（6257）為臺灣中型規模的 IC 封測廠，屬於專業委外封測代工廠（OSAT），主要業務為半導體封裝與測試，主要應用市場為智慧手機 35％～ 40％、電腦及周邊 25％～ 30％、消費電子與智慧家庭 15％～ 20％、網通及物聯網 10％～ 15％、車用及醫療產品 5％～ 10％。相較於大型封測廠，矽格僅專注於電源管理 IC 與網通 IC 的測試業務，最主要客戶為聯發科。 　　矽格是一檔小而美的股票，股價只比銅板價高一些，優勢包括：跟隨整體半導體族群，先蹲後跳的態勢；連續配息 21 年，股利連 7 年正成長；自由現金流量穩定。連續 21 年配發現金股利，並且連續 6 年現金股利增加，2023 年現金股利為 4.2 元，平均殖利率超過 6％，近 5 年填權息機率為 100％。		

近 5 年獲利數據

營業年度	營收	淨利	EPS	ROE
2018 年	95.4 億元	11.6 億元	3.01 元	12.1%
2019 年	100 億元	12.9 億元	3.26 元	12.3%
2020 年	124 億元	17.8 億元	4.222 元	13.5%
2021 年	167 億元	27.9 億元	6.25 元	18.5%
2022 年	187 億元	30.3 億元	6.68 元	18.9%
平均	135 億元	20.1 億元	4.68 元	15.1%

近 5 年現金股利數據

發放年度	現金股利	盈餘發放率	平均殖利率
2019 年	2.06 元	48.7%	6.53%
2020 年	2.2 元	55.7%	5.65%
2021 年	2.9 元	123%	5.11%
2022 年	4.13 元	66.1%	7.75%
2023 年	4.2 元	62.9%	7.52%
平均	3.1 元	71.3%	6.51%

連續 21 年配發現金股利，合計 42.68 元。

普萊德（6263）

代號	6263	市場別	上櫃
名稱	普萊德科技	產業別	通信網路業
股本	6.25 億元	成立年數	30 年
股價（2023年12月1日）	128 元	上市年數	20 年
主要業務	自有品牌網路通訊設備製造商		
老牛簡評	普萊德為臺灣網通廠，擁有自有品牌 PLANET，已於全球 5 大洲一百四十餘國設有經銷商通路。終端客戶涵蓋家用、小型辦公室、中大型企業、資料中心客戶、電信商等，客群分散，最大單一客戶不超過營收 10%，穩定接單。 　　毛利率及各項利潤比率表現平穩，沒有大起大落的現象，顯示成長動能相對穩定。要說為什麼普萊德會受到老牛喜歡？當然也是高殖利率護體、股價波動較小，能夠抱得比較安穩囉。由於長期獲利穩定，近幾年獲利都在 4 元至 5 元左右。2022 年獲利突破 7 元，所以 2023 年股息大方發出 6.4 元，近 5 年現金股息發放率幾乎都在 9 成左右，而近 5 年填權息機率為 80%。		

近 5 年獲利數據

營業年度	營收	淨利	EPS	ROE
2018 年	13.7 億元	3.01 億元	4.82 元	23.4%
2019 年	13.5 億元	3.13 億元	5.01 元	23.6%
2020 年	12.3 億元	2.7 億元	4.33 元	20.2%
2021 年	14.3 億元	3.21 億元	5.14 元	23.5%
2022 年	17.2 億元	4.38 億元	7.01 元	29.7%
平均	14.2 億元	3.29 億元	5.26 元	24.1%

近 5 年現金股利數據

發放年度	現金股利	盈餘發放率	平均殖利率
2019 年	4.3 元	89.2%	6.76%
2020 年	4.5 元	89.8%	7.13%
2021 年	4 元	92.4%	6.11%
2022 年	4.7 元	91.4%	6.17%
2023 年	6.4 元	91.3%	5.44%
平均	4.8 元	90.8%	6.32%

連續 23 年配發現金股利，合計 84.6 元。

至上（8112）

代號	8112	市場別	上市
名稱	至上電子	產業別	電子通路業
股本	52.8 億元	成立年數	36 年
股價（2023 年 12 月 1 日）	55.9 元	上市年數	19 年
主要業務	電子零組件經銷業務		
老牛簡評	至上屬於電子通路商，受半導體景氣影響甚多，而公司主要代理記憶體 IC 產品，占整體營收 5 成以上，所以從營收規模也可以了解記憶體的供需循環脈絡。 　　至上在 2021 年營收突破 2,000 億元，每股盈餘更來到 7.02 元，近 5 年 ROE 平均也有 21%，這代表公司幫股東創造獲利的能力，能夠高於 15% 算是相當不錯。 　　通路商的獲利特性為代理轉售，因此營收受景氣變化影響甚深，且毛利率通常也會比較低，但好處是財務比率穩定，因此可大致估算出獲利的變化，以及發放股利的金額。 　　至上是不少網友推薦的定存股，長期來看，公司亮點仍然不少，包括：大客戶三星（Samsung）加持，代理其記憶體與面板產品；連續 14 年配發現金股利，近 5 年填息機率 100%；現金股利 3 元以上，殖利率平均 6% 以上。		

近 5 年獲利數據

營業年度	營收	淨利	EPS	ROE
2018 年	1,422 億元	14.4 億元	3.85 元	19.5%
2019 年	1,126 億元	12.8 億元	3.41 元	17.3%
2020 年	1,375 億元	16 億元	4.22 元	21.3%
2021 年	2,087 億元	28.8 億元	7.02 元	30.2%
2022 年	1,741 億元	22.1 億元	5.16 元	16.1%
平均	1,550 億元	18.8 億元	4.73 元	20.9%

近 5 年現金股利數據

發放年度	現金股利	盈餘發放率	平均殖利率
2019 年	3 元	77.9%	10%
2020 年	2.7 元	79.2%	8.7%
2021 年	3 元	71.1%	7.11%
2022 年	4 元	57%	9.44%
2023 年	4.4 元	85.3%	9.27%
平均	3.4 元	74.1%	8.9%

連續 14 年配發現金股利，合計 29.21 元。

台汽電（8926）

代號	8926	市場別	上市
名稱	台灣汽電共生	產業別	油電燃氣業
股本	73.03 億元	成立年數	31 年
股價 （2023 年 12 月 1 日）	40.35 元	上市年數	23 年
主要業務	非屬公用之發電業務汽電廠運維及經營		
老牛簡評	台汽電為 1992 年由經濟部主導成立的能源公司，以天然氣發電為主要燃料，台電為最大股東，持股近 28%，所以有「小台電」的稱號。旗下轉投資的燃氣民營電廠有 4 家，包括森霸電力、星能電力、星元電力及國光電力。 　　目前持續積極爭取台電 2025 年至 2027 年的標案，光電布局則已取得烏山頭水面光電 2 期，及彰化永興漁電共生開發權，預計 2025 年併網上線；其他則有離岸風電、陸域風電、再生能源售電等新業務。 　　獲利變化幅度相對小，每股盈餘表現較為穩定，以近 5 年平均每股盈餘 1.57 元來看，2023 年前 3 季累積 1.58 元已經達標。連續配息 25 年，平均殖利率為 4%～5% 左右，合計盈配率大多維持在 9 成以上，等於賺多少幾乎都上繳給股東，長期持有不僅能賺股息、同時還能賺價差。		

近 5 年獲利數據

營業年度	營收	淨利	EPS	ROE
2018 年	38.1 億元	6.72 億元	1.14 元	5.63%
2019 年	71.9 億元	11 億元	1.86 元	9.15%
2020 年	93.1 億元	10.7 億元	1.81 元	8.81%
2021 年	64.1 億元	8.98 億元	1.52 元	7.49%
2022 年	46.7 億元	9.07 億元	1.54 元	7.7%
平均	62.8 億元	9.29 億元	1.57 元	7.76%

近 5 年現金股利數據

發放年度	現金股利	盈餘發放率	平均殖利率
2019 年	1.5 元	132%	5.46%
2020 年	1.7 元	91.4%	4.68%
2021 年	1.9 元	105%	4.97%
2022 年	1.75 元	115%	4.88%
2023 年	0.9 元	58.3%	2.04%
平均	1.6 元	100.3%	4.41%

連續 25 年配發現金股利，合計 31.99 元。

櫻花（9911）

代號	9911	市場別	上市
名稱	台灣櫻花	產業別	居家生活
股本	22.11 億元	成立年數	35 年
股價 （2023 年 12 月 1 日）	68 元	上市年數	31 年
主要業務	除油煙機、瓦斯爐、熱水器、系統廚具		
老牛簡評	櫻花旗下產品熱水器、廚衛設備，具有硬需求特性，較不受景氣影響，家庭滲透率高達 7 成，連續 36 年獲得消費者理想品牌第一名。過去主攻中低階市場，後來轉戰中高階市場，成果卓越，毛利率都在 3 成以上。而近年大舉布局淨水器及擴大整體廚房規畫市場，由於國內房地產仍然熱絡，櫻花旗下所有產品線皆可受惠。 　　2023 年配發 3.7 元現金股利，股利創新高，股價也寫下靠近新高。一直以來，櫻花的營收及獲利都相當穩定，是默默成長的好公司，近 5 年平均殖利率近 6%，且平均配發率也有 7 成水準。獲利穩、配息大方，股價也就穩穩的爬上去。		

近 5 年獲利數據

營業年度	營收	淨利	EPS	ROE
2018 年	59.9 億元	8 億元	3.65 元	18.8%
2019 年	63 億元	8.89 億元	4.06 元	19.6%
2020 年	66.3 億元	8.93 億元	4.08 元	18.4%
2021 年	75.7 億元	10.1 億元	4.62 元	19.2%
2022 年	82.1 億元	10.2 億元	4.66 元	18.1%
平均	69.4 億元	9.22 億元	4.21 元	18.8%

近 5 年現金股利數據

發放年度	現金股利	盈餘發放率	平均殖利率
2019 年	2.65 元	72.6%	6.06%
2020 年	2.65 元	65.3%	5.55%
2021 年	3.2 元	78.4%	4.98%
2022 年	3.6 元	77.9%	5.66%
2023 年	3.7 元	79.4%	5.79%
平均	3.2 元	74.7%	5.61%

連續 16 年配發現金股利，合計 28.2 元。

Biz 445

股海老牛最新抱緊名單，贏過大盤 20%

跌了也不賣、算出便宜價才買、先知道好題材⋯⋯
50 檔抗震盪的致富私藏股大公開。

作　　者／股海老牛
責任編輯／宋方儀
校對編輯／李芊芊
美術編輯／林彥君
副總編輯／顏惠君
總　編　輯／吳依瑋
發　行　人／徐仲秋
會計助理／李秀娟
會　　計／許鳳雪
版權主任／劉宗德
版權經理／郝麗珍
行銷企劃／徐千晴
業務專員／馬絮盈、留婉茹、邱宜婷
業務經理／林裕安
總　經　理／陳絜吾

出　版　者／大是文化有限公司
　　　　　　臺北市 100 衡陽路 7 號 8 樓
　　　　　　編輯部電話：（02）23757911
　　　　　　購書相關諮詢請洽：（02）23757911 分機 122
　　　　　　24 小時讀者服務傳真：（02）23756999
　　　　　　讀者服務 E-mail：dscsms28@gmail.com
　　　　　　郵政劃撥帳號：19983366　戶名：大是文化有限公司

法律顧問／永然聯合法律事務所
香港發行／豐達出版發行有限公司 Rich Publishing & Distribution Ltd
　　　　　　地址：香港柴灣永泰道 70 號柴灣工業城第 2 期 1805 室
　　　　　　　　　Unit 1805, Ph.2, Chai Wan Ind City, 70 Wing Tai Rd, Chai Wan, Hong Kong
　　　　　　電話：21726513　　傳真：21724355
　　　　　　E-mail：cary@subseasy.com.hk

封面設計／林雯瑛　內頁排版／王信中
印　　刷／鴻霖印刷傳媒股份有限公司

出版日期／2024 年 1 月　初版
定　　價／新臺幣 480 元（缺頁或裝訂錯誤的書，請寄回更換）
I S B N ／978-626-7377-35-2
電子書 ISBN ／ 9786267377338（PDF）
　　　　　　　9786267377345（EPUB）